U0695936

大订单销售

余忠胜 著

中国华侨出版社
·北京·

图书在版编目 (CIP) 数据

大订单销售 / 余忠胜著 . 一北京：中国华侨出版
社，2019.5（2024.2 重印）
ISBN 978-7-5113-7822-4

Ⅰ . ①大… Ⅱ . ①余… Ⅲ . ①销售—方法 Ⅳ .
① F713.3

中国版本图书馆 CIP 数据核字（2019）第 055431 号

大订单销售

著　　者：余忠胜
责任编辑：黄振华
封面设计：朱晓艳
经　　销：新华书店
开　　本：710 mm×1000 mm　1/16 开　　印张：14　　字数：160 千字
印　　刷：三河市富华印刷包装有限公司
版　　次：2019 年 5 月第 1 版
印　　次：2024 年 2 月第 2 次印刷
书　　号：ISBN 978-7-5113-7822-4
定　　价：49.80 元

中国华侨出版社　北京市朝阳区西坝河东里 77 号楼底商 5 号　邮编：100028
发 行 部：（010）64443051　　传　　真：（010）64439708
网　　址：www.oveaschin.com　　E-m a i l：oveaschin@sina.com

如果发现印装质量问题，影响阅读，请与印刷厂联系调换。

前 言
Preface

做一名销售高手，能签下大订单，跻身于身价不菲之列，是每一位销售员梦寐以求的目标，然而90%的销售员注定只能是平庸者，不分寒暑、顶风冒雨地穿梭在大街小巷，却收入微薄；而只有10%左右的人能够轻松签单，成为销售冠军，跻身于高收入者行列。

为什么？同是销售员，差异却如此之大？——因为人的销售技巧、销售方法有高低之别。但凡在销售行业有所作为的人，无不是深谙高级别的销售方法与销售技巧。

随着信息共享的程度越来越高，许多销售员的销售手段越来越相似。如果说一个神来之笔的销售，是通过"巧劲"打动消费者，那么注重销售过程中的每一个技术细节，则是这种"巧劲"的落实与体现。当销售无法靠出奇出彩制胜时，技术细节的较量便极为重要。销售，在未来的竞争，主要表现为技术细节的竞争，技术细节的竞争才是最终和最高的竞争层面，就是说，一个人可以通过对每一个销售细节进行细致入微的把握，最终便能赢得客户，赚到财富。

《大订单销售》内容深入浅出，在销售理论的基础上，将经典案

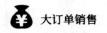

例与操作方法相结合，揭示了销售软技巧对于销售工作的影响和作用。本书从销售员的心理入手，对销售行业中常见的困难问题进行展开，步步深入，辅以事例做对比，将销售场景进行深刻剖析，并给出相应的解决方法，让读者找到自己在销售活动中不经意会犯下的错误，进一步改变目前的销售现状，成为大订单销售员。

我们真诚地希望销售员朋友们在读过本书以后，可以对销售工作有一种全新的领悟，能够更好地开拓自己的职业生涯，让自己的每一点付出都获得丰厚的回报！

目 录
Contents

开局

从起点开始狠狠发力

》》第1讲　从新人到新锐，首先迈过心理坎

创造销售奇迹的最佳方式，是积蓄受用一生的心理资本。完美销售从积极心理开始，好好审视一下自己到底"害怕"什么，然后做好心理准备，看看有什么办法来处理这一切。

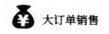

≫ 第2讲　从约见到待见，关键是做好备场

在去见客户前，你都做过哪些准备？——你怎样接近客户？你需要知道些什么，注意些什么？如果这些你都没有考虑过，那么你十有八九会失败。

≫ 第3讲　从反感到好感，怎样销售你自己

在销售产品前，最先把什么卖出去？——是我们自己。说服别人，从改变自己开始。从今天开始，你应该做一件非常重要的事情：把自己经营成品牌！你的努力将得到丰厚回报。

控局

为成交奠定一个坚实基调

》》第4讲　挖掘：怎样找到你的有效客户

　　客户就是财富。销售起源于寻找客户，然后使潜在顾客成为现实顾客、挖掘更多的顾客，有多少客户和如何开发客户，决定了一个销售员销售事业的成败。

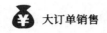

》》 第5讲　吸引：怎样与客户建立牢固关系

初次销售，关键是如何引起客户的注意，接着让他产生兴趣，这个吸引力就是你给客户的第一印象，它是整个洽谈过程的导线。一个好的开端是销售成功的基础。

》》 第6讲　救场：怎样处理销售中的突发事件

客户有时很难搞定，你会遇到很多突发状况，在遭遇尴尬时，你一定要想方设法化解客户的戾气。当然，这并不是一件容易的事情，但还是有一些经验值得借鉴。

胜局

用更少的时间拿到更多的订单

》》 第7讲 步步为赢，让客户不知不觉说"是"

销售就是使原本不想购买的顾客产生兴趣和购买欲望，使这种兴趣和购买欲望转化为实际行动。在这个过程中，每一阶段都需要销售员把握引导原则，让顾客一步步跟上自己的思路。

》》 第8讲 抓住时机，促成交易

销售的终极目标是说服客户签单。说什么，怎么说，这是问题的关键所在。如果你想成功完成销售，就一定要按下客户的心动按钮，使顾客心悦诚服，自愿掏出钱包。

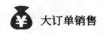

≫ 第9讲　意犹未尽，去时要比来时美

　　如果你送走一位快乐的客户，他会在无意中就替你宣传，帮助你招揽更多的客户。销售前的奉承不如销售后的服务，后者才会永久地吸引客户。记住：销售，从来都不是一锤子的买卖。

辑一

开局

从起点开始狠狠发力

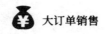

>> 第1讲
从新人到新锐，首先迈过心理坎 »

创造销售奇迹的最佳方式，是积蓄受用一生的心理资本。完美销售从积极心理开始，好好审视一下自己到底"害怕"什么，然后做好心理准备，看看有什么办法来处理这一切。

做销售，不需要低三下四

一些销售员在平时谈笑风生，但与客户打交道时不是语无伦次，就是坐立不安，这是什么原因呢？因为他们把销售看成是卑微的职业、求人的工作，因为他们并不是从心里热爱这份工作。像这样的销售员是永远也难以成功的。既然我们选择了销售工作，最好在这个职业上坚持下去。如果你热爱并坚守下去，情况就不同了。以树为例，从栽上树苗，精心呵护，到它慢慢长大，就会给你回报。你把树苗培育得越久，树就会长得越高大，回报也就相应越多。

销售这件事并不一定要和低声下气、灯红酒绿相联系。这之中也没有逢迎谄媚，以及贿赂和私下交易的事情，千万不要认为一名销售员只有向别人鞠躬作揖才能完成一笔生意，如果有了这样的想法，那就大错特错了，是没有把握住销售人员应该具备的良好心态以及对此项工作的正确理解。

身为一名销售员，我们应该以自己的职业为荣，因为它是一份值得别人尊敬，使人有成就感的职业，如果有方法能使失业率降到最低，销售即是其中最必要的条件。你要知道，一个普通的销售员可为30位工厂的员工提供稳定的工作机会。这样的工作，怎么能说不是重要的呢？

乔·吉拉德说："每一位销售员都应以自己的职业为骄傲，因为销售员推动了整个世界。如果我们不把货物从货架上和仓库里面运出来，整个社会体系的钟就要停摆了。"

有的时候，当业务看起来似乎大势已去时，平庸的销售员常为了不想一事无成地失望回家而干脆降格以求，他甚至会向客户请求说："请你帮我这个忙吧，我必须养家糊口，而且我的销售成绩远远落后于别人，如果我拿不到这个订单，我真的不知道该如何面对我的家人了。"

这种方式不但对我们本身有害，而且也是这个行业的致命伤。当一名销售员提出这样的请求时，只能导致客户看不起他，这种厌恶情绪甚至会波及其他销售员。

作为销售员，我们应该明白，销售与其他行业一样，只是具体工作内容不同。我们不是把产品或服务强加给别人，而是在帮助客户解决问

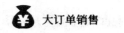

题。你是专家，是顾问，你与客户是平等的，因为你更懂得如何来帮助他，所以没必要在客户面前低三下四。你看得起自己，客户才会信赖你。

销售行业最忌讳的就是在客户面前卑躬屈膝。如果你连自己都看不起，别人又怎能看得起你？表现懦弱不会得到客户的好感，反而会让客户大失所望——你对自己都没有信心，别人又怎么可能对你销售的产品有信心呢？

一名销售员向一位总经理销售电脑，言行显得过于谦卑，这让总经理十分反感。总经理看了看电脑，觉得质量不错，但最终并未购买。总经理说："你用不着这样谦卑，你销售的是你的产品，你这样可怜的神态，谁还愿意买你的东西呢？"

由此可见，低三下四的销售，不但会使商品贬值，也会使企业的声誉和自己的人格贬值。

我们不要把自己看得低下，我们应该以销售工作为荣。只有树立了这样的信念，我们才能为销售工作付出所有的努力，才能成为一名顶尖的销售高手。

把客户的拒绝当作邀请

作为销售员，我们应该树立这样的观念——被客户拒绝只是一次销售行为的失败，根本不会丢掉自己的面子。况且，销售员所追求的并不是"面子"，而是事业上的成就。有了这样的想法，你就不会再认为被客户拒绝是一件丢面子的事情了。

　　有一位销售员，他四十多岁才开始从事销售工作，在此之前从未有过任何销售经验。通常情况下，像这么大年龄的人更爱惜自己的脸面，比较害怕被人拒绝。可是不到一年半的时间，他就成了当地最杰出的销售员，所创造的业绩纪录很长时间没有人能打破。

　　有人问他："你是怎么成功的，难道你不怕被别人拒绝吗？"他笑了："干这行的谁不怕被客户拒绝呢？"人们不解地接着问："那每次客户不买你的产品时，你的心态是如何的呢？你不觉得非常丢面子吗？"他说："我认为，拒绝是客户的权利，拒绝不拒绝那是他们的事。而'是否觉得很丢面子'则是我自己的事情。我不会认为这是一件丢面子的事情，我只是认为我还没有介绍清楚，他们还不太了解我的产品而已。既然他们不太了解，那么我就再换一种方式向他们介绍，一直到客户完全了解为止。"他说，曾经有一位客户，自己一直对其解说了好几个月，换了好多种方式才终于让他了解了产品的优点及好处，并最终销售成功。

　　看来这位销售员成功的秘诀很简单，他把拒绝当成客户的权利，而把面子当成自己的感觉。他并不在乎自己的感觉，只是在乎自己的业绩。

　　日本著名的保险销售员原一平，在刚刚进入保险行业时，为了搞定一家大客户，曾经在三年零八个月的时间里拜访这位客户多达70次，并最终与客户签订保单。事情的经过是这样的：

　　有一次，原一平到某大公司的总经理家去销售保险，之前他们素未

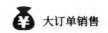

谋面。奇怪的是，无论原一平什么时候去拜访，总经理总不在家。而且每次去，都会被一位面目慈祥的老人以各种理由打发走。就这样拜访了70次，扑空了70次。可是，原一平没想过放弃，仍然坚持不懈。后来，他意外地从其他客户那里得知，拒绝他的那位老人就是之前让他扑空70次的总经理！在第71次去的时候，原一平终于获得了这笔可观的保险单，三年多的努力最终没有白费！

销售就是一场胜少败多的持久战，即使最出色的销售员也难免要经历无数次拒绝。销售员的心理素质必须过硬，无论客户拒绝多少次，也要有勇气面带微笑地再试一次。

实际上，那些优秀的销售员在被客户拒绝以后，想到的根本不是毫无意义的"面子"问题，他们会对遭拒的原因进行理性分析，然后争取在下次销售时补救过来。这种健康的心态，不但能立刻改变他的心情，更重要的是能让销售员在被拒绝之后成长起来。

对成功怀有强烈的渴望

每位销售员都知道信念对成功的重要意义，可以说成功的力量就来自决心和信心。一些销售员在出门之前就会向自己保证：今天我想要签5份订单。但他们往往是空着手回来了，为什么呢？就因为他们成功的欲望不够强烈，如果他们能试试将"想要"换成"一定要"，那么他们的销售一定会更成功。

拉希德是一名职业销售顾问，他帮助一家经销太阳灶的小公司制订了一个计划，使原本一年才卖出不到 10000 台产品的太阳灶公司，在三天之内就卖出了 6000 多台。

首先，拉希德向所有销售员说明了商品的特性与销售方法，然后，就亲自率领几名销售员赶赴销售现场。第一天，他们卖出了 1571 台，第二天 2042 台，第三天达到了 2500 台，三天下来，一共卖了 6113 台，这远远超过了预期目标。这个数字令同行都十分吃惊，所有人都不相信，有人能将滞销的商品一台台地卖出去。

人们都在期盼着，拉希德能够向大家解释他是用了什么特殊的销售技巧在这种恶劣的环境下卖出如此多的商品的。而拉希德的解释却很简单，他说的销售方案只是限定 5 天时间内卖出的台数，其他方面没有超出同行业的一般标准。真正的秘诀是销售人员过人的集中力和坚持达到目标的信念。其实，只要建立"一定要"卖出去的信念，根本就不会存在卖不出去的商品。

当你真正下定决心"一定要"把商品销售出去的时候，一切困难都会变得容易和简单。"想要"跟"一定要"是不一样的，"想要"还不够坚定，当你"一定要"的时候，自己才没有退路，你才有成功的可能。

顶尖高手和一般人最大的差别就在于是"想要"还是"一定要"，世界上最伟大的销售员决定了的事都是非要不可，而一般销售员则只是想

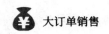

要而已，这正是一般销售员失败的原因。

因此，只有下定"一定要"决心的时候，我们的行动才会有强大的驱动力，我们才会想尽一切办法，运用一切可能的、合法的手段去达成自己的目标，而这正是成功所必需的。

乔·吉拉德说："所有人都应该相信：乔·吉拉德能做到的，你们也能做到，我并不比你们厉害多少。而我之所以能做到，只是因为投入了专注与执着。"

一般的销售员会说，那个人看起来不像一个能买东西的人。但是，有谁能告诉我们，买东西的人长什么样呢？乔·吉拉德说，每次有人路过他的办公室，他内心都在吼叫："进来吧！我一定会让你买我的车。因为每一分每一秒的时间都是我的花费，我不会让你走的。"

35岁以前，乔·吉拉德经历过许多失败。一次惨重失败以后，朋友都弃他而去，他变得一无所有。但乔·吉拉德说："没关系，笑到最后才算笑得最好。"

他拜访了一家汽车经销商，要求做一份销售的工作，销售经理起初不太想雇用他。

乔·吉拉德说："先生，假如你不雇用我，你将犯下一生最大的错误！我不要有暖气的房间，我只要一张桌子、一部电话即可，两个月内我将打破你最佳销售员的纪录，就这么约定。"结果在两个月内，他真正做到了，他超越了那里所有销售员的业绩。

有人问他，究竟是怎样做到这一切的？他是否有什么销售秘诀？但乔·吉拉德只是笑笑说："哪有什么秘诀，我只是相信我一定能做到。"

　　人们常说："世界上没有卖不出去的商品，只有不会销售的销售员。"因此，请你建立这样的信念，无论你手中拿着什么样的商品，你都一定能把它卖出去。如果你能持续这样激励自己，那么你离成功就不远了。

　　对成功的渴望是成为顶尖销售员必备的条件，只有当渴望强烈到"一定要"的程度时，你才能克服重重困难，成为顶尖的销售高手，自豪地说出你是销售员。

永远不要熄灭热情

　　我们经常发现这样一种现象，一些缺乏经验和销售技巧的新人会创造一些不俗的业绩，甚至连一些老销售员都无可奈何的客户都能拿下来，让人不得不感叹"初生牛犊不怕虎"。那么这些销售新人有什么秘密武器吗？他们的成功靠的是什么呢？其实答案很简单：热情。

　　实践证明，销售员自身的热情对其成功的作用占 90%，而产品知识只占 10%。很多初入销售行业的朋友虽没有学会太多的销售技巧，却能不断地将产品销售出去，创造不错的销售业绩，其原因就是他们对自己的工作抱有高度热情。对于一个销售员来说，技巧并不是唯一重要的，业绩的创造往往始于热情。

　　有一天，一位年轻的销售员向某公司的办公室主任销售打印机，这

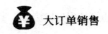

位主任同往常应付其他销售员一样地回答说："我考虑一下。"这位销售员是一位销售新人，不知道这是借口，听他这么说就高兴地答道："谢谢您，不好意思，打搅您了。那您就考虑考虑再说吧。"然后便离开了。几天后，年轻的销售员带着大叠资料又兴冲冲地赶来了。伸手不打笑脸人，主任只好找了个借口打发他，让他过几天再来。

一个星期后，他满脸期待地又来了，主任心想："我该以何种表情面对他呢？"虽然他以自己及这位销售员都承认的可怕眼神瞪了这位销售员，但他的心里却越来越不安："那个顽固的家伙会不会再来呢？"

主任的情绪愈来愈恶劣，但是这位销售员的波浪式攻击仍持续不断，当年轻的销售员第12次满怀期待地来访时，主任终于疲惫不堪地告诉他："我买。"销售员问："主任先生，您为什么决定要买呢？""遇到你这样工作热心、持之以恒的人，我愿意尝试看看。"

这位销售新人的热情打动了固执的客户，看来成功和热情确实有着很密切的关系。

热情是事业成功的必要条件。任何人，只要具备了这个条件，都能获得成功。热情是一种状态，是对事业由衷的热爱。因此，我们一定要带着热情去工作。

不仅如此，热情是可以传递的。你的心态往往会影响到你客户的心态。当你有一种发自内心的热情，你的这种热情也就会传递给你的客户，使他也对你抱有热情的态度，进而接受你所销售的产品。所以说，热情不仅是一种心态，也是一种销售的妙计。更重要的是，热情还可以使客户消除对产品和你的排斥心理，使对方与你达成共识，从而接受你和产品。明白了这一点，当你与任何一个客户打交道时，你都应该尽可能多地考虑到自己会给客户留下什么样的印象，是热情还是冷漠，是考虑产品对他们的帮助，还是只考虑利润。

然而，现实工作中不乏这样一种现象——当我们有了足够的经验时，热情就会逐渐消退。

譬如这样一位销售员，他是刚刚接受完培训的新人，没什么经验，急于做生意，但却很少有机会出门。他的产品知识几乎是零，他的经验也是零。但使我们感到震惊的是，他没有出门，却做成了一笔又一笔买卖。原因就在于，他用热情感染了客户。

过了一段时间，这个新销售员成了一名老手。他学到的东西越来越多，他的经验越来越丰富。他对产品了解得一清二楚，他信心十足，精通销售。这时，他接受挑战的欲望却开始减退，他对事情不再感到惊异，热情的火苗也渐渐熄灭。最终这位销售员变成了一名庸庸碌碌、平凡无奇、没有棱角的销售员。

由此可见，自始至终地保持热情对于我们的工作是何等重要。热情是一种强大的力量，是发自内心的力量。也许你的精力不是那么充沛，也许你的个性不是那么坚强，但是一旦你有了热情，并好好地利用它，所有的这一切都可以克服。你也许很幸运地天生即拥有热情，或者不太走运，必须通过努力才能获得。但是，没有关系，因为发展热情的方法十分简单——从事自己喜欢的工作。如果你现在仍在哀叹自己是多么讨厌销售员这份差事的话，那么还有两个办法让你拥有热情：你现在是否已经有了自己的理想职业，你可以把它作为你自己的目标，但是不要忘了，你想从事的任何其他工作的前提是你必须拥有一个成功的经历，那

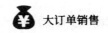

就是你先要做一个成功的销售员。只有这样，你所梦想的那些工作才会向你招手。或者你现在依然是浑浑噩噩，你甚至不知道自己喜欢什么样的工作，那么还有一个办法，很简单，那就是你完全可以让自己爱上这份工作！也许你并不那么讨厌它，或许你根本没有发现你所从事的工作的本质。

对于一个胸怀大志的销售员来说，若只有那么一点点热情是远远不够的，所以，增强我们的激情度是必须的。因此建议试试以下几个步骤：

1. 深入了解每个问题。这个练习是帮助你建立"对某种事物的热心"的关键。简单地说，就是你想要明白自己对什么事物热心，就必须先学习更多你目前尚不热心的事物。因为了解越多越容易培养兴趣。当你下次无从选择的时候，当你发现自己不耐烦的时候，想想这个原则。只有进一步了解事物的真相，才会挖掘出自己的兴趣。

2. 做事要充满热情。你对你所从事的工作是否有热情或者是否感兴趣，都会很自然地在你的行动上表现出来。你跟某人握手时要紧紧地握住对方的手说："我很荣幸能认识你。"而那种畏畏缩缩的握手方式还不如不握。只能让人觉得你是个没有活力死气沉沉的人，没有一点好感。

如果你的微笑也可以活泼一点的话，那将更加能够表现你的热情。当你对别人说"谢谢你"时，要真心实意地说。你的谈话也必须生动积极。著名的语言学权威班得尔博士说："你说的'早安！'是不是让人觉得很舒服？你说的'恭喜你！'是不是出于真心呢？你说'你好吗？'时的语气是不是让人更高兴呢？一旦当你说话时能自然而然地渗入真诚的情感时，你就已经拥有引人注意的良好能力了。"

3. 传递好消息。尝试每天回家后把一天工作中的趣事，开心的好消息带给家人分享，告诉他们今天所发生的值得高兴的事情。尽量讨论有趣的事情，同时把不愉快的事情抛在脑后。也就是说，尽量传递好消息和正能量，把好消息告诉家人、同事、朋友。多多鼓励他们，每一个场合都要夸奖他们，要知道，优秀的销售员专门传播好消息，每个月都去拜访自己的客户，并且经常把好消息带给别人。长此以往，别人也乐于见到你，因为见到你就能听到好的消息。

4.培养客户至上的态度。每一个人，无论他默默无闻或身世显赫，年轻或年老，都有成为重要人物的愿望，正如你少年时期的那些美妙梦想。这种愿望是人类最强烈、最迫切的一种目标。

所以，建议运用这样一个心理暗示，每天都对自己说："我要变得热情！"并让这个自我激发深入到潜意识中去。那么，当你在奋斗过程中精神不振的时候，这个激励语就会进入到你的思想意识中去，也就是说一旦时机到来，这样的潜意识就会激励你采取积极的行动，变颓废为踊跃、焕发精神。

最后，要用希望来激励自己。激励自己和他人，是发动一种行为以求产生特定成效的希望或力量。激励的结果是产生一种动机，再由这种动机鼓动人产生行动。

克服畏惧心理，始终相信自己

做销售工作的，经常要销售，要增员，是不是会碰上很多的困难呢？

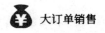

困难可怕吗？困难确实很可怕！有一个工种，不管就业形势多严峻，却永远都招不满，知道为什么吗？主要就是因为这类工作遭人拒绝太多，一批又一批的人，迈不过这道坎，一个又一个人才流失了。这个工种就是业务员、销售员。

困难是令人难受的，但是我们是否可以换个思维角度想想呢？如果没有了困难，那是不是人人都可以成功了？那还要努力、奋斗、优秀的人干什么？那什么样的产品是不是都可以卖出去了？那还要改进产品干什么？要知道没有人可以随随便便成功，每个人成功的背后都蕴含着艰辛的汗水。

既然知道困难是无法避免的，那我们下次碰上困难就应该充满勇气地大声说："谢谢你，正是因为有了你，才可以更好地激励我。"

我们要坚信自己，且要相信困难是可以克服的。相信你自己，你是自己唯一可信赖的人。你应为能够迎难而上而感到骄傲和庆幸。你的智慧是无穷的，你多年累积的经验更是惊人的。

老板、同事、朋友都可能会背弃你，但你绝不会背弃自己。假如由于疑虑、沮丧、失意而沉沦了你美好的心灵，那才是真正的愚蠢。相信你自己，自己是世界上最真实的，是世上唯一可以信赖的。我们想成功，就要坚定地秉持这个信念。只要我们相信自己，就会有勇气完成任何自己想做的事情。

毋庸置疑，销售之路并非坦途，而是充满了坎坷崎岖。有顺利的日子，也有曲折的时候。当遭遇挫折时，我们不要惊慌、不要沮丧，更不能以为生活会永远像现在一样不顺利，只要我们能对自己有信心，对自己的信念有勇气坚持下去，我们就会看到云破日出，我们的前途就会是一片光明。保持这种心态，我们就能克服每天都有可能出现的阻碍。

西点军校前校长本尼迪克特曾经说过："遭遇挫折并不可怕，可怕的是因挫折而产生的对自己能力的怀疑。只要精神不倒，敢于放手一搏，就有胜利的希望。"

销售亦如打仗，你的对手就是客户的拒绝和你的胆怯。

试想一下，如果你身临战场，当你遇到困难和敌人时就选择逃避，那么后果会如何？把事情做好，把困难解决，这不也是一种"作战"吗？因此，当你在销售过程中碰到困难时，应遵循一个原则——勇敢地扑向敌人，决不言退，发挥自己的强项！

碰到困难决不言退，发挥自己的强项，这里有两个方面的含义：

1. 做给别人看——让别人知道你并不是一个胆小鬼。即使你这一次的销售失败了，但你不怕困难的精神和勇气也会得到他人的赞赏；如果你顺利地克服了困难，签下了订单，这就更加向他人证实了你的能力！如果有人出于对你的不服、怀疑、中伤、嫉妒而故意给你出些难题，当你一一解决时，你不仅消除了他人的不良心理，而且还提高了自己的地位和声望。

2. 做给自己看——一个人一生中不可能事事顺心如意。销售中碰到点困难，这并不可怕，应把困难当成是对自己的一种考验与磨炼。也许你不一定能解决所有的困难，但在克服这些困难的过程中，你在经验、心志、胸怀等各方面都会有所成长，所谓"吃一堑、长一智"，说的就是这一道理。这对你日后面对困难有很大的帮助，因为你至少学会了怎样去面对困难，解决困难。如果你顺利地克服了困难，那么在这一过程中你所累积的经验和信心将是你一生当中最宝贵的财富。

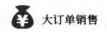

所以，作为销售员，我们一定要有迎难而上的精神，这样才能成功。如果我们不相信，那就想象一下"遇难即退"的后果吧，这类人首先就会被人认为是一种庸懦之人，没有人会认为他能成就大事；而事实上也是如此，因为他闪躲、逃避，无法克服困难、提升自己，自然也就无法在销售领域中取得成就了。

懂得控制情绪，修炼一个好脾气

一些有经验的老销售员经常说："没有好脾气就干不了销售。"这种说法倒不难理解。销售员每天要面对不同的客户，可能会遇到各种情况：被人拒绝，被人指责，甚至被人奚落，如果没有一个好脾气，恐怕就很难适应销售工作，更别说打动客户、达成交易了。

其实，"好脾气"就是指与客户商谈时能够适当地控制自己的情绪，不急不躁，自始至终一直以一种平和的语气与客户交谈，即使遭受客户的羞辱也不以激烈的言辞予以还击，反而能报之以微笑。这样一来，客户往往会被销售员的这种态度打动，因此好脾气的销售员才能创造出更好的业绩。而一些销售新人往往不能控制好自己的脾气，结果得罪了客户，生意自然也就做不成了。

销售新人应该明白，做销售工作，被拒绝如家常便饭，因此，销售员不应该乱发脾气，而应时刻保持一颗冷静的心。有些销售新人在愤怒情绪的支配下，往往失去理智，以尖酸刻薄的言辞予以还击，使客户的尊严受到伤害。这样虽然能使心中的怨气得以发泄，但到头来吃亏的还是自己，因为这笔交易肯定谈不成了。因此，销售新人一定要学会控制自己的情绪。一旦我们感到精力难以集中，不能清晰地思考问题或是心情不悦、烦躁不安、被销售工作压力压得透不过气、想从一项销售任务中得到解脱而接受另一项销售任务、为了见一位新客户而做了大量的工作，但却一直得不到他的订单时，销售新人就要学会自我调节情绪。因为乱发脾气是没有用的，销售新人要做的，就是让自己时刻保持一颗冷静的心。

至于如何消除愤怒情绪、不乱发脾气，一位资深销售员的做法很值得销售新人学习和借鉴：

这位销售员在刚刚入行的时候，总是不能摆正心态，踏踏实实地工作。他想早日出人头地，但现实与理想之间的差距太大了：要挨领导的骂，要受客户的气，而他的脾气本来就不太好，于是他准备辞职，然后找一份适合自己的工作。

在写辞职信之前，他为了发泄心中的怒气，就在纸上写下了对公司中每位领导的意见，然后拿给他的朋友看。

然而，朋友并没有站在他的立场上，和他一同抨击那些领导的一些错误做法，而是让他把公司领导的一些优点写下来，以此改变对领导的看法。同时，还让他把那些成功销售员的优点写在本子上，让他以此为目标，奋力拼搏。

在朋友的开导下，他心中的怒火渐渐平息了，并最终决定继续留在公司里，还发誓努力学习别人的长处来弥补自己的不足，做出点成绩让

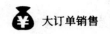

自己和他人看看。

从此，这位销售员学会了一种排解怒气的方法，凡是忍不住的时候，他就把心中的愤恨写下来，读一读，这样心中就平静多了。

无论是顶尖级销售员还是销售新人，谁都会有发怒的时候。但是，少发怒和不随便发怒却是做得到的。要想练就好脾气，不随便发怒，必须标本兼治。所谓治本，就是加强个人修养，包括提高文化素养和道德情操，拓宽心理容量，不为一点小事斤斤计较。

所谓治标，销售新人们不妨试试以下方法：

第一，在自己的办公桌上放一张写有"勿怒"二字的座右铭或艺术品，时刻提醒自己不要随便发怒。

第二，当有人发怒时，仔细观察他发怒的丑态，剖析他因发怒造成的不良后果，以此作为反面教材，警示自己。

第三，一旦遇到惹自己动怒的事情，强迫自己想愉快的事情，转身去做一件令人愉快的事情。

第四，万一走不开，又怒火中烧时，强迫自己不要马上开口，或者数数，数到十再开口，以缓和情绪，浇灭怒火。

第五，不但要学会自己控制情绪，还要学会接受别人的劝告，将自控和助控结合起来。

坏脾气是销售工作的天敌，销售新人一定要在工作与生活中慢慢磨炼自己，因为只有拥有了好脾气，才能拥有好业绩。

纠正散漫心态，打造高效行动力

每位销售员都希望自己能成为最优秀的销售员，为了实现这个目标，他们制订了周密的计划，研究了很多销售的技巧，可到最后仍有可能是一个平庸的销售员。因为他们总是想得太多，做得太少，如果能行动起来，那么或许他们能更快地取得。

克莱恩是个保险销售员，他非常喜欢打猎和钓鱼，但这些爱好太花时间，对一个忙碌的销售员来说有点奢侈。有一天，当他好不容易挤出时间来匆匆钓了几条鱼后准备打道回府时却突发奇想："在这荒山野岭里会不会也有居民需要购买保险？要是有的话不就可以在工作的同时又能在户外逍遥了？"结果他发现果真有这种人：他们是铁路沿线的铁路工作人员、住户和淘金者。克莱恩当天就开始了积极行动。

克莱恩沿着铁路走了好几趟，那里的人都叫他"走路的克莱恩"，他成为那里与世隔绝的家庭中最受欢迎的人，不但如此，他自己也是在这段时间才学会了烹饪手艺，这使他变成了最受欢迎的贵客。而与此同时，他也能够徜徉于山野之间、打猎、钓鱼，像他自己所希望的那样生活。

在保险业里，对于一年卖出100万美元以上保单的人设有一个光荣的特别头衔——"百万圆桌"。把突发的一念付诸实行以后，克莱恩一年之内就做成了超过百万美元保单的生意，因而赢得了"圆桌"上的一席地位。

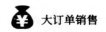

要想成为一名出色的销售员，整天在办公室中想着要如何开拓客户、如何说服他们、如何成交是没有用的，这无异于白日做梦，要想成功，必须要采取行动。

销售员成功的关键在于行动。因为只有认真行动才能够分出英雄和懦夫、销售高手和业绩拙劣者以及成功者和失败者。

无数事实证明，凡是能够认真行动的人，大部分都取得了卓越的成就。但是那些只会空想而没有认真行动的人，往往错失良机，一生只能碌碌无为，空留遗恨。

如果你的意志薄弱，便会被困难征服，从而导致你不能采取行动认真去面对困难，战胜困难。被淘汰出事业战场的人们，大部分都是因为没有认真行动而被困难吓倒了。

销售大师乔·吉拉德创造了销售 13001 辆汽车、平均每年卖出 869 辆汽车的奇迹，虽然他从事销售工作时一无所知，既不懂销售技巧，也不熟悉商品知识，就连填写销售文件这样简单的事情都不会，但是，一天结束后，他竟能成功地卖出一部高档汽车。

所以，作为一名销售员，千万不要做"思想上的巨人，行动中的矮子"，不要沉醉于幻觉之中，欺骗自己、蒙蔽自己。实际上，做销售，重要的不是有多少人拒绝你，重要的是有多少人接受你。很多人之所以没有成功，是因为他们遭受的拒绝不够多，失败的次数不够多，当然成功的概率也不是很大。

一百次梦想计划，也抵不上一次行动，如果你希望自己成为一名出色的销售员，那就行动吧！行动是实现梦想的唯一途径。

≫ 第2讲

从约见到待见，关键是做好备场 ≫

在去见客户前，你都做过哪些准备？——你怎样接近客户？你需要知道些什么，注意些什么？如果这些你都没有考虑过，那么你十有八九会失败。

要有目标，制订计划

很多销售员在销售之前，并没有制订销售目标和销售计划，拿起产品就兴冲冲地出门了。最后扫兴而归的也大多是这类销售员。这是因为没有目标、计划的销售员就像没有罗盘的孤舟，无论如何努力，终究无法到达彼岸。

那么首先，我们来看看怎样设定销售目标。

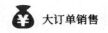

1. 设定开发客户数量目标

有经验的销售员都知道，销售是个数字游戏，你的销售业绩与你服务的客户数量成正比。你有大量的客户群，你就有非常好的销售业绩。你只有小量的客户群，你就只有非常少的销售业绩。你要把开发客户的数量、维护客户的数量作为所有目标的基础。

设定目标之后，最重要的事情就是达成目标了。目标只有达成才有意义。有许多销售员在设定目标时信心百倍，可一看到那遥远的目标便泄气了。其实目标远没有这么可怕，你只要设定目标，目标自然会吸引你去达成。

要达成开发客户的目标，我们必须规划销售区域，确定目标市场。

有的销售员，没有规划销售区域，没有确定目标市场，每天都游荡于楼宇之间，虽体味到奔波的劳苦，却不能享受成功的甘甜，这就是因为他们没有一个重点的销售目标，因而无法有效地准备销售计划造成的结果。

如何了解你的目标市场特性呢？主要是分析目标市场。

通过分析目标市场，你可以知道你主要的竞争对手是谁；也可进一步研究，客户可能喜欢购买竞争对手产品的原因是什么；为自己的销售准备工作进行事前规划。

一位曾经在一家投资公司工作的保险销售员以在投资公司上班的旧同事和其他生意伙伴为目标，进行市场开拓，结果他发现同这些目标市场的客户很容易沟通，因而销售的成功率也很高。

他还发现若这些公司已有员工投保了他所在的保险公司，那么对其他员工就较容易进行销售了。

明白这个道理后，他就以以前的业绩为突破口，很快累积了许多准客户名单。

2. 设定业绩目标

销售人员的收入来源于他的业绩，业绩好，收入才会高。顶尖的销售人员每天、每周、每月、每年都设有业绩目标。目标是前进的方向，是行动的力量之源。

那么如何设定业绩目标呢？

①设定可预期达成的目标。

②设定的目标要有挑战性，设定的目标要有递增性。

③要设定时限，没有时限的目标没有意义。

另外，销售员应该注意以下几个问题：

（1）把你的目标写在纸上，这样才能增加明确度

只有把目标写下来，它们才有实际意义。当你写这些目标时，要尽量简明扼要，要保证用眼睛一扫就能看清楚，不要一写就是好几页，有一两行就够了。

（2）这些目标必须是你梦寐以求的，否则你就不会为之而努力

想拥有自己的住宅，想拥有自己的车。那么为了实现这两样，定期存钱就是一个更容易成功的目标。我们定目标就先定落到地的，然后串联成大的梦想。

（3）你写下的目标应当很具体

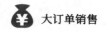

比如说，你打算学好英语，首先要定下目标，每天早上上班路上都要听英语音频来提高口语能力。接下来，为了提高效率，可以在手机闹钟提醒那里设定每天早上、晚上各听几遍，背默几遍等。这样，不仅有一个意向，还有了具体的步骤与规划。久而久之就会形成习惯，每天日积月累，会有很理想的成长。

现在，你的目标很具体了，但是否现实呢？

（4）目标要现实，否则又是一场空

如果你说"我想在这周赚50万元"，那是不现实的。目标是应该能够达到的，否则你就不会为之而努力。目标不要定得过低，也不要定得过高，要保证只有通过努力工作才能达成这个目标。

（5）经常查验你的目标，定期更新目标

如果工作进展速度超过目标要求，不要松懈或停下来。相反，应当更新目标，设定更高的但必须是能达成的目标。另一方面，如果工作进展速度落后于目标要求，你已无法实现目标，也不要放弃，应当对自己说，该目标不可行，可能过于乐观了。这时，就应当查验和调整目标，使它更为现实一些，然后集中精力去完成它。

（6）坚持目标，不要动摇

不要让其他人拉你的后腿。做这种事的人大有人在，因为他们感到你的热情使他们相形见绌，你的成功使他们无地自容，他们不能接受你比他们强的事实。专业销售员常常是我行我素，甚至有些自负的。这不是说，他们不大度、不愿助人为乐，事实正好相反。专业销售员对自己始终有严格要求，对自己的目标始终不渝。专业销售员即使达成了目标，也缄默不语。不炫耀，不让人嫉妒。他们握紧拳头，扬起胳膊，微笑着点点头，默默但有力地对自己说"加油"。然后，他又用新的目标替换已完成的目标，并向这一新的目标挺进。

有了目标后，我们就可以对工作进行规划，制订出销售计划了。

销售计划的制订，可分为年销售计划、月销售计划、周销售计划及日销售计划四种。

1. 年销售计划。每年的销售计划实际上也是年度销售目标的体现，这个计划是否切实可行的要素首先是要看年度销售目标设定得是否合理。最好的目标是在销售员的能力范围内将原来的业绩增加50%，并且分为四个阶段实行，每三个月查验一次业绩，四个阶段的目标必须具有灵活性，比如，第一、第四阶段可以把业绩计划的少一点。

之所以将第一阶段和第四阶段的业绩压缩，是因为要考虑到上述阶段正好是中国传统新年及年终假期比较集中的时间，对业绩会有一定的影响。

2. 月销售计划。月计划要包括业绩量和组织规模增长量，还需要注意设置相应的新增客户量及客户流失控制量。一般来说要依据每个月的预定收入目标额度，来决定每个月拜访客户的数量。制订完每月计划之后要将其进行细化，分解为每周的销售计划。每周的计划实际上在整个月的销售计划中扮演着不同的角色。常见的分布情况是第一周要占整个月业绩的30%，第二周和第三周各为20%，第四周为30%，这样能够高质量保证完成全月任务甚至超额完成任务。

3. 周销售计划。周计划的制订实际上是月计划的分解，但周计划的制订决定着月计划的能否顺利完成。有的销售机构将每周的计划进行进一步细化，就是设置两个关卡——每周的周三和周五分别是两关，过第

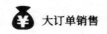

一关进行检查之后是第二关，以防止销售员前松后紧的情况出现。

4.日销售计划。每天的销售活动要有计划是很多成功销售高手总结出来的秘诀。每日销售计划可以是清晨制订，也可以是在前一天晚上制订，制订计划的工具种类很多，有的公司提供《销售手册》，没有这样的条件可以自己设计，总之是将每一天的时间、各种资源进行细致的分配，要做到心中有数。

学习，是销售员不可停歇的修炼

现在销售业竞争越来越激烈，销售员的素质也越来越高，如果你想在竞争中胜出，那么就必须具有超强的学习能力。一些销售员认为，学习是学生、学者的事，销售员就是靠嘴皮子打天下，不用学习，其实是错误的认识。

事实上，知识贫乏的人不可能成为一名优秀的销售员。在销售这一行中，出类拔萃者无一不是拥有广博学识的人。优秀的销售员，永远都不会认为他已掌握了所有应当掌握的知识。

知识日新月异，要想掌握全部信息资料显然是不可能的。作为一名优秀的销售人员，要妥善处理好与各类客户之间的交往关系，必须尽可能学习与掌握广博的知识。可以这样说，一个人如果没有受过系统教育，没有丰富的知识阅历，对于销售工作来说是难以应付的。销售活动的成功与否和知识丰富与否联系密切。因而销售者必须具备广泛的知识，经常了解社会、经济、政治、文化诸方面的状况及其未来的发展趋势。销售员面对的是整个社会，是不断变化的各类人和事，需要多方面的经验与学识。

随着知识经济的兴起，光凭借他人的经验和自己已有的经验是远远不够的。要想成为销售高手需要不断地获取新的知识才能使自己与社会保持同步。你是一位需要每天接触不同的人或者不同产品的销售员，所以必须有一个广阔的知识平台。很多技术性、专业性强的东西，你不一定要深入了解，但是你不能够完全不了解。如果缺乏专业和社会知识，会因客户发现你在相关领域所表现出来的无知而拒绝你的销售。

现在由于高科技产业的兴起，越来越多的公司在招聘销售员时，会根据自己产品的高科技含量要求销售员具有一定的教育程度，比如大专、大本，而且这个要求会越来越高。或许一个负责销售洗涤剂的销售员是不需要太高深的化学方面的知识的，他只需要知道这种洗涤剂能不能洗净衣物，能洗净到什么程度，对人体有没有害就够了。但是在互联网行业，或者其他高科技领域，还有一些知名的公司，不获得学士学位的话，是做不了销售员的。比如，全球有名的惠普公司计算机产品线的销售员，通常是要求有管理或财务方面的学位。

网络的产生使知识的传播越来越快。如果你不主动去学习新的知识，而客户可能已经在网上查到了最新的资料，当被问及你们的产品和同类的产品有多大区别的时候，你哑口无言，这样一来你就会失去客户的信任。所以不能再像以前那样，仅拿着自己的产品就开始长篇大论地介绍，有时甚至是夸夸其谈。相对于客户而言，你应该是这个领域的专家，所

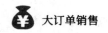

以你应该很清楚这个领域的最新动态。

很多销售员往往认为学习只是那些做学问的人的事情，自己不需要专门抽时间去学习。如果你也是这样想的话，那么你现在必须把这种可怕的想法从头脑中赶走！只有不断被新的知识充实的人才会有一种自信的源泉，因而他永远不会被时代抛弃！知识的积累能够使你在业务上更加纯熟，甚至使你在心智上更加成熟。这些积累可能使你像你那些优秀的前辈一样，对于产品有着一个优秀的销售员特有的敏锐直觉。不过，如果你还能在工作中以及平时多留心学习一些新的技巧的话，那么它们对你的潜移默化的影响，必定能够使你拥有一个销售员对于市场准确把握的直觉！

要成为专业销售员，就要做好不断学习以提高自己的心理准备。至于学习的对象，只要你留意，无论是客户、对手还是主管上司都可以是你学习的对象，当然，也不要忘了向自己学习。

1. 客户是你最好的老师

经常学习新的知识，每天学习改善销售产品或服务的方法，是一个销售员提高销售技艺的根本保证。不管销售对象是谁，你都必须满怀信心地面对每一个客户，发挥你的能力。你所遇到的客户的种种不满情况，都是你学习的材料。他们将使你成为更精明、更杰出的销售员，因此，你必须虚心而努力地学习。从他们的不满和疑问、交易习惯和方式，以及言谈举止中学习你认为有用的东西。

2. 向同行学习

都说"同行是冤家"，但你应该知道，不管你多么精明强干，在商场上，随时都会有人超过你。这些人也许比你更聪明、斗志昂扬，在销售上也可能比你更有办法。因此，你必须加以注意，细心观察，从他们那里学习你所没有的技巧、方式，从他们那里得到重要的启发，改进你自己的工作。要牢记"山外有山，楼外有楼"，切不可自以为是。

3. 在与主管的研讨中学习

在面对问题时，与主管一同研讨解决之道，再去实践与修正，不仅可以从中积累相当宝贵的经验与提升自己处理问题的能力，还能在研讨的过程中学到如何做判断、做抉择，更可让主管在一次又一次的研讨中看到你的学习成长结果，而愿意赋予你更大的责任与使命。这样，就可以积累更多、更新的宝贵经验与能力，不仅可以在公司内部或是在业界建立你个人的成就与声望，还可能获得主管的青睐。你的主管再度升职的时候，第一个想到可以赋予重任与提拔的或许就是你，你也就有机会去学习与发挥高一阶层的能力。当你的能力与成就备受好评时，你个人的职场生涯选择空间也将变得更大。

所以，我们不能放弃任何一次面对问题、解决问题与学习问题处理方法的机会，要努力培养自己成为一位问题的解决者。协助客户解决问题才是销售员走向成功的关键。

4. 经验教训可以教你很多

向自己的成功学习宝贵的经验，向自己的失败学习不可多得的教训。你可以将你所经历的最富代表性的销售事件记录成一个销售案例，你会发现很多有用的东西。你还可以经常将已经完成的某个销售事件拿来，

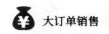
放在脑子中，从前到后过一遍，保留令你满意的细节，将不满意的地方加以修改，使整个事件趋向完美。你还可以将某个案例作为蓝本，不妨暂时中断一下你的销售工作，去做一些调查，并对调查材料进行分析，从中找出失利的主要原因，有针对性地改变策略，挽回损失。向自己的经验教训学习，是解决你所遇到的问题的一条捷径，也是成功解决问题的必经之路。

拜访前，一定要清楚客户的情况

作为一名销售人员，我们一定要在拜访客户之前就做好所有准备工作，不要怀疑，这和销售的成败有很大关系，只有了解客户、了解客户的情况，才能制订出完备的销售计划。

其实，销售工作和演艺工作有很大的相似之处，那就是必须预先背好台词，做过多遍的排练，这样才能够有备而来，而不是随随便便地就上台演戏。

一天，原一平乘出租车出去办事，在一个十字路口，红灯亮起，原一平无意中转头向窗外看了一眼，正好看到与他同行的一辆黑色奔驰轿车，车里坐着一位衣着华贵的老人。

原一平心想，这老人一定大有来头。于是，他让司机跟上那辆车，记下了那辆车的车牌号。随后，原一平通过有关渠道，查明了这个车牌号的车主是一家大型公司的董事长。

然后，他打电话到该公司说："您好，是某某公司吗？今天我在出租车里看到坐在黑色豪华车上的那位老先生，非常面熟，好像以前在哪里见过，但我一时又想不起来了，您能帮忙提醒一下吗？我没有其他的意思。"对方便说："那是公司董事长的车。"

原一平最后知道那辆车的车主是某某公司的董事长山本先生。然后，原一平开始深入收集他的学历、出生地、兴趣、爱好等。

当一切都清楚了之后，就直接去拜访了山本先生。由于原一平对山本先生情况的熟知、对他公司的全面了解以及拜访前的相关事宜准备，这件事就进展很顺利。后来，山本先生成了原一平的重要客户。

这个案例足以说明准备工作对成功销售的重要性。那么在销售之前，我们应该做好哪些工作呢？

目前，很多公司都为销售员提供潜在的客户，这些客户一般是通过各种广告和促销活动得到的。在这种情况下，我们在与客户会面前，就有很多事要做准备了。除了客户传递给销售部门的信息外，我们还应该捕捉到其他一些信息。

我们在销售之前，总是要做一些准备的。即使是一次陌生拜访，也不能毫无准备地跑去敲门，我们也要做一些调查研究，以保证敲对门，这种准备工作会很费时间，但必须得做。我们要善于从潜在客户身上发现尽可能多的信息，诸如客户的兴趣、爱好等，只有这样，我们才能摸准客户的心理，做到有的放矢。

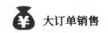

众所周知的"销售之神"原田一郎在与客户见面之前，总是从所有收集到的详细资料中，描绘出客户的形象，甚至想象站在客户面前与客户谈天说笑的情景，如此演练数次之后，才真正与客户会面。

原田一郎说："调查的结果，起码要能达到与准客户见面的时候，就对方而言，是平生第一次见到我，但对我而言，已经清楚了他的情况，犹如十多年的老友了。"

准备工作在于全面、精确，应当包括对各种突发情况的应对方案的考虑。在销售之前的准备工作中，制定多个不同销售方案的好处在于：你会清楚万一初次销售宣告失败，你还可以提出哪些不同的选择供对方思考，而不至于毫无准备地接受一个你根本就不满意的交易结果，虽然签约一刻的到来，你觉得那是你唯一合理的选择。

在许多情况下，自认为销售不会失败，从而只抱着一种既定的销售目标不放，确实也没有造成什么损失。但是，绝大多数的谈判都会按照不同的形式进行，并且时常受到迟迟无法达成协议的困扰。

不要在自己毫无退路的情况下再后悔，这是毫无意义的。销售工作应着眼于对成功的追求而不是对失败的检讨。因此，我们必须事先准备一些应付突发事件的对策。

俗话说得好，有备无患。这句话对于我们的访问活动来讲，更是意义深重。我们出去拜访时，务必随身携带下列物品：

小镜子、手帕、手表、皮包、打火机、名片、小梳子、记事本、产品资料、价目表等。这些物件对销售员来说，都是极其重要的辅助用品。

房地产销售员戴维斯每次去销售时，车子里一定备有一些简单的工具。碰到客户的房子有大门松动或水龙头不够紧的时候，戴维斯就动手帮忙修一修。戴维斯可是一位年创造上百万元营业额的业务员。销售工厂机械消耗品的销售员哈尔斯，在公事包里也经常放着一套工作服。当他拜访客户的时候，一定会换上工作服前往现场观察机械运作的情形，遇有现场人员不懂的地方，他会亲自指导操作。这和一般穿着西装拿着产品目录销售的业务员不一样，因而很容易打动现场人员的心。

可见，充分的准备工作将确保我们销售工作的顺利开展并有序进行，从而也在更大程度上使我们获得成功。有大量的事前准备，到时才可轻松完成目标任务。

不容有误的约见三大关键

销售员在约见客户时，一定要弄清"who""when""where"，即约见对象是谁，约见时间是几点，约见地点在哪里。不要认为这是一件很简单的事，这三个要点往往会决定你销售的成败。

1. 确定约见对象

销售员必须清楚约见的对象到底是谁，认准有权决定购买的销售对象进行拜访，避免把销售努力浪费在那些无关紧要的人身上。在确定自

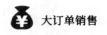

己的拜访对象时，需要分清真正的买主与名义上的买主。

曾有这样一件事：一名销售员与某机电公司的购货代理商接洽了半年多时间，但始终未能达成交易，这位销售员感到很纳闷，不知问题出在哪里。反复思忖之余，他怀疑自己是否一直在与一个没有决定权的人士打交道。为了消除自己的疑虑，他给这家机电公司的电话总机打了一个匿名电话，询问公司哪一位先生主管购买机电订货事宜，最后从侧面了解到把持进货决定权的是公司的总工程师，而不是那个同自己多次洽谈的购货代理商。

能否准确掌握真正的购买决定者，是销售成功的关键。跟没有购买决定权或无法说服购买决定者的人，不管怎样拉关系、讲交情都无助于销售，充其量只能增进友谊罢了。但在销售过程中，交际是为了销售，因此没有所谓的"君子之交"。如果销售员弄错"讨好"的对象，犹如对牛弹琴，白白浪费自己宝贵的时间。

弄清谁是真正的买主，谁是名义上的买主，与销售工作的成败和销售效率的高低有极大的关系。

销售中常会碰到的一个棘手问题是销售人员不知道谁有权力拍板成交，有时候你会遇上没有决定权的名义上的买主，跟这些人打交道的不幸在于他们不厌其烦地与你交流，但又不会直接告诉你他是个无决策权的人。所以，弄清谁是真正的决策者，抓准关键人物，然后确定约见拜访的对象，对销售员来说无疑是很重要的。尽管我们认为需辨别真正的买主与名义上的买主，但并不是说要轻视那些有影响力的人物，如助手、秘书之类。这些人没有购买决定权是事实，但不一定没有否定购买的权力和影响。一旦销售人员得罪了他们，这些人就会在上司面前贬低你的产品，损害你的形象，到头来吃亏的仍然是上门销售的一方。特别是一些大型公司，有些主管常常把接见销售人员的事务全盘委托给自己的下属、秘书或有关接待部门处理，他们一般不会开门见山直接与你见面，只有当手下的人将销售的情况汇报给他，使他觉得有必要见你的时候，销售员才能与主管直接见面。所以，在确定约见对象时，既要摸准具有真正决策权的要害人物，也要处理好相关的人事关系，与那些名义上的买主保持良好的接触，取得他们的鼎力支持与合作，这也是销售成功重要的一环。

2. 选择约见时间

在日常工作中，千万不要以为只有上门访问的时候才算销售。不少销售员其设想失败的原因，并不在于设想本身有误，也不在于主观努力不够，而是由于选择约见的时机欠佳。特别是在进行未曾约定的销售访问时，由于事先没有通知和预约，很可能对方具有决策权的"真正买主"出差在外或正忙于手头工作。这时销售员突然上门，会使见面措手不及，也容易使销售活动无功而返。

销售要掌握最佳的时机，一方面要广泛收集信息资料，做到知己知彼。另一方面要培养自己的职业敏感度，择善而行。下面的几种情况，可能是销售员拜访约见客户的最佳时间：

①客户刚开张营业，正需要产品或服务的时候；

②对方遇到喜事吉庆的时候，如晋升提拔、获得某种奖励等；

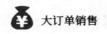

③节假日之际或厂庆纪念、大楼奠基之际；

④客户遇到暂时困难，急需帮助的时候；

⑤顾客对原先的产品有意见，对你的竞争对手最不满意的时候；

⑥下雨、下雪的时候。在通常情况下，人们不愿在暴风雨、严寒、酷暑、大雪冰封的时候前往拜访，但许多经验表明，这些场合正是销售员上门访问的绝好时机，因为在这样的环境下前往销售访问。常常会有意想不到的效果。

由于访问的准顾客、访问目的、访问方式及访问地点不同，最适合的访问时间也不同。不能确定准确的访问时间，不仅不能达到预期的目的，而且还会令人厌烦。销售员确定访问时间时，应注意如下事项：

根据被访问顾客的特点来选择最佳访问时间，尽量考虑顾客的作息时间和活动规律，最好由顾客来确定或由顾客主动安排约见的时间。销售员应设身处地为顾客着想，尊重对方意愿，共同商定约见时间。

根据访问目的来选择最佳访问时间。尽量使访问时间有利于达到访问目的。不同的访问对象，应该约定不同的访问时间。即使是访问同一个对象，访问的目的不同，访问的时间也应有所不同。如访问目的是销售产品，就应选择顾客对销售产品有需求时进行约见；如访问目的是市场调查，则应选择市场行情变动较大时约见顾客……

根据访问地点和路线来选择最佳访问时间。销售员在约见顾客时，需要使访问时间与访问地点和访问路线保持一致，要充分考虑访问地点、路线以及交通工具、气候等因素的影响，确保约见时间准确可靠，尽量使双方都方便、满意。

尊重访问对象的意愿，充分留有余地。在约定访问时间时，销售员应把困难留给自己，把方便让给顾客。应考虑到各种难以预见的意外因素的影响，约定时间必须留有一定的余地。除非有充足的把握和周密的安排，销售员不应该连续约定几个不同的访问顾客，以免一旦前面的会谈延长使后面的约见落空。

总之，销售员应该加快自己的销售节奏，选择有利时机约见顾客，讲究销售信用，准时赴约，合理安排和利用销售访问时间，提高销售访问的效率。

3. 确定约见地点

在与销售对象接触的过程中，选择一个合适的约见地点，就如同选择一个合适的约见时间一样重要。从日常生活的大量实践来看，可供销售员选择的约见地点有顾客的家庭、办公室、公共场所、社交场合等。约见地点各异对销售结果也会产生不同的影响，为了提高成交率，销售人员应学会选择效果最佳的地点约见客户，从"方便顾客、利于销售"的原则出发择定约见的合适场所。

（1）家庭

在大多数情况下，选择对方的家庭作为拜访地点。其中以挨家挨户的闯见式销售最为常见，销售的产品通常为日常生活用品。销售专家认为，如果销售宣传的对象是个人或家庭，拜访地点无疑以对方的居住地点最为适宜。有时，销售员去拜访某法人单位或团体组织的有关人士，选择对方的家庭作为上门拜访的地点，也常常能收到较好的促销效果。当然，在拜访时如有与顾客有良好交情的第三者或者是亲属在场相伴，带上与顾客有常年交往的人士的介绍信函，在这些条件下，选择对方的

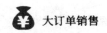

家庭作为拜见地点，要比在对方办公室更有利于培养良好的交谈气氛。但是，如果没有这些条件相伴，销售人员突然去某公司负责人家里上门销售访问，十有八九会让对方产生戒备心理，拒你于大门之外。

（2）办公室

当销售员向某个公司、集体组织或法人团体销售产品时，一般是往对方的办公室、写字间里销售，这几乎成为一种最普遍的拜访形式。特别是在工作时间，他们会待在办公室里，处理公务、联系业务，而在其他时间里销售员不容易找到他们。选择办公室作为约见地点，销售双方拥有足够的时间来讨论问题，反复商议促使销售成功。当然，与客户的家庭相比，选择办公室作为拜访地点易受外界干扰，办公室人多事杂，电话铃声响个不停，拜访者也许不止你一个人，或许还有许多意想不到的事发生，所以选择办公室作为拜访地点，销售员应当设法争取顾客对自己的注意和兴趣，变被动为主动，争取达成交易。同时，如果对方委托助理与你见面，你还必须取得这些助理们的信任与合作，通过这些人来影响"真正的买主"做出购买决定。

（3）社交场合

一位销售学专家和公关学教授曾说过这样的话："最好的销售场所，也许不在顾客的家庭或办公室里，如果在午餐会上、网球场边或高尔夫球场上，对方对你的建议会更容易接受，而且戒备心理也比平时淡薄得多。"我们看到国外许多销售活动常常不是在家里或办公室完成的，而是在气氛轻松的社交场所，如酒吧、咖啡馆、周末沙龙、生日聚会、网球场等。对于某些不喜欢社交，又不愿在办公室或家里会见销售人员的顾客来说，选择在公园、电影院、茶室等公共场所，也是一个比较理想的地点。

约见真正的决策者，把握合适的约见时机，根据约见对象选择好约见地点，如果你能做好以上工作，那么你的销售就已经成功了一半。

不可不知的销售拜访礼仪事项

在销售过程中，约见客户是个非常重要的环节，它往往决定了你销售的成功与否。而一个优秀的销售员，是绝对不会忽略约见礼仪的，因为这是约见成功的必要保证。

1. 约见时间的学问

约见客户一般有两种约定时间，一种是自己所决定的访问时间，另一种则是客户决定的。自定的访问时间，是根据本身的销售计划或访问计划安排的，大都是确定的。例如考虑去甲公司访问，心想上午路上交通拥挤，而且即将访问的对象也很可能出去办事，还是决定下午去拜访吧！而当准备去访问乙先生时，知道对方通常下午都会去处理售后服务，所以最好在上午去访问为佳。对于计划去访问的丙太太，探听得知丙太太于每星期一、五下午要去学烹饪，如果不想空跑一趟必须避开这些时间，重新安排时间表。这类访问的时间是由自己决定的，若对于销售活动没有什么妨碍，是属于自己比较能控制的问题。

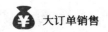

而比较麻烦的，是那种由客户来决定的时间。谈生意的活动，一般来说多半是迁就客户的意愿，无法依照卖方的立场来定时间。在很多情况下，虽然你自己事先拟定了一个访问时间表，事实上仍旧必须循着客户决定的时间去办事，说得极端一些，这个访问的时间经过客户决定后，即使心中有所不满，还是要维持"客户优先"的原则。

而一旦与客户约定了见面的时间后，你就必须注意守时，如果不能很好地把握这一点，那么你就会因此失去一次销售机会。

有一次某先生想买一台计算机，和销售员约好下午两点半在他办公室面谈。某先生是准点到达的，而那位销售员却在 17 分钟之后才满头大汗地走了进来，"对不起，我来晚了。"他说，"我们现在开始吧。"

"你知道，如果你是到我的办公室做销售，即使迟到了，我也不会生气，因为我完全可以利用这段时间干我自己的事。但是，我是到你这儿来照顾你的生意，你却迟到了，这是不能原谅的。"某先生直言不讳地说。

"我很抱歉，我正在餐馆吃午饭，那儿的服务实在太慢了。"

"我不能接受你的道歉，"某先生说，"既然你和客户约好了时间，当你意识到可能迟到时，你应该先选择重要的，赶来赴约。是你的客户，而不是你的胃口应该得到优先照顾。"

尽管计算机的价值极具竞争性，他也毫无办法销售成功，因为他的迟到激怒了客户。更可悲的是，他竟然根本想不通为什么会失去这笔生意。

守时也不是说准时就可以了，最理想的是提早 7 ~ 10 分钟到达。准时去访问当然不会有差错，不过假如客户所戴的手表稍微快了一些，那事情就不好了，因为客户总是以自己的手表为准，尽管你所戴的表才是准确的时间，但是就客户而言，你已经迟到了。而有些脾气古怪的客户，认为约会迟到是不可原谅的事。即使没有发生这种客户表快的情形，而在约定的时间才到达，这样也会由于没有休息的时间，就马上进入正题，显得过于仓促。

但太早到也不好，比约定的时间早二十分钟以上，也许客户在同你会面之前要先与另外的人洽谈，此时你突然冒出来，会影响他们的交谈气氛，致使客户心里不痛快。尤其是在做家庭拜访时，你早到二十分钟以上，可能这一家人正在整理房间，你的提早到达将使客户感到厌烦。

总之，比约定时间提早 7 ~ 10 分钟到达是比较合理的。比约定时间早点前去，可以获得缓冲的余地，至少可以喘一口气。假定客户在会见你之前有另外一位来客，而这个客人也许提前十几分钟离去，那你与被访问者的会面时间就可以增加十几分钟。提早些到达，尤其在夏天里，刚好得以擦拭汗水，使心情恢复平静，然后心神稳定地与客户交谈。在寒冷的冬季，从室外进来可能显得你面色苍白，那么若早几分钟到达，便能慢慢使脸上气色转佳。

为了使访问顺利进行，必须向客户询问最近路上的交通流量如何，或是从广播中听听有关路程的交通拥挤、交通事故、交通阻塞的状况，这样可以避免迟到。

2. 需要注意的其他约见礼仪

除了要守时约见客户外，还需要掌握其他重要的约见礼仪，只有这

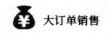

样你才能早日成为一名出色的销售员。

一位销售员到客户办公室或家中拜访，进门之前要先按门铃或轻轻敲门，然后站在门口等候，按铃或敲门的时间不要过长，无人或未经主人允许，不要擅自进入室内，当看见客户时，应该点头微笑致礼，然后再说明来意。进入客户的办公室或家中，要主动向在场的人都表示问候或点头示意。在客户家中，未经邀请，不能参观住房，即使是熟悉的客户家，也不要任意抚摸或摆弄客户桌上的东西，不要触动室内的书籍、花草及其他陈设物品。

要养成良好的卫生习惯，杜绝各种不雅举止。不要当着客户的面，擤鼻涕、掏耳朵、剔牙齿、修指甲、打哈欠、打喷嚏，实在忍不住，要用手帕捂住口鼻，面朝一旁，尽量不要发出声音，不要乱丢果皮纸屑等。这虽然是一些细节，但它们组合起来会构成客户对你的总印象。

另外，女性销售员必须注意的一点是：当着别人的面化妆是不太礼貌的习惯。当然女性在餐馆就餐后，让人见到补口红，轻轻补粉，还不是一件特别失礼的事。但是，当女性销售员在约见客户前，需要梳头、抹指甲、涂口红和化妆时，最好远离客户的办公室，请到化妆室或洗手间进行。同样，在人前整理头发、衣服、照镜子等行为应该尽量节制。

掌握必要的约见礼仪，才能让客户在与你的接触过程中，对你产生信赖和好感，这对你的销售能否成功，也起着关键的作用。

≫ 第3讲

从反感到好感，怎样销售你自己 ≫

在销售产品前，最先把什么卖出去？——是我们自己。说服别人，从改变自己开始。从今天开始，你应该做一件非常重要的事情：把自己经营成品牌！你的努力将得到丰厚回报。

自始至终，脸上都要挂着微笑

我国有许多关于笑的俗语："非笑莫开店""面带三分笑，生意跑不掉。"这就是在告诉我们，做生意的人要经常面带笑容，这样才会讨人喜欢，招揽客户。而世界上最伟大的销售员乔·吉拉德也说有人拿着100美金的东西，却连10美金都卖不掉，为什么？就是因为他的表情有问题。人的面部表情很重要：它可以拒人千里，也可以使陌生人立即成为朋友。

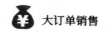

很多成功人士都指出，微笑是与人交流的最好方式，也是个人礼仪的最佳体现，特别是对销售员而言，微笑更为重要。我们可以从日常观察中得出，当客户花钱来消费时，他肯定不愿意看到销售员愁眉苦脸的样子。当客户怒气冲冲地来投诉时，销售员一张紧绷绷的脸只能让客户火上浇油。相反，如果销售员能真诚地对客户微笑，就可能会感染客户，使他调整态度。因此，你若从事销售这个特殊的职业，一定要学会使用微笑才行。

博特·纳尔逊在他的著作中提到了一件有趣的事情。

当纳尔逊正要离开一位准客户的办公室时，他注意到一位英俊的年轻人坐在这位经理的办公室外面。

"从他身旁经过时，我向他微笑，他好像被逗乐似的也向我微笑。我们谈了一小会儿，然后我问他是否愿意一起吃个午饭。他愿意。之后我又回到他的办公室，向他介绍了更多关于我的产品的情况——多年之前他曾听过一次，他自己这样说。在他自己告诉我每年这样他能省下多少钱时，我基本上有把握我可以用任何价格卖给他这个产品。"

这次销售还带来了许多其他销售，所以纳尔逊这样说："乐观是恐惧的杀手，而一个微笑能穿过最厚的皮肤。每一个准客户的心中都有一个微笑，你发自内心的微笑能把它引出来。你每一次微笑，都会让自己的生活和别人的生活明亮了一点。"一个微笑要在眼睛里有闪光，它不是你有时看见的僵硬的面部扭曲。

因此，作为一名销售员，你必须在生活中有意识地去练习微笑。微笑本身和个性的内向与外向无关，只要用心去微笑，任何人都能拥有迷人的微笑。

不要把笑当作难事去训练，只要努力就行了。当然，笑容本身还是有分别的，并非所有的笑都适用于销售，充满温暖、亲切而又富有魅力的笑容，才是销售员的最好武器。

训练笑容，也并非易事。每天对着镜子摆笑脸，的确是非常枯燥的事。可为达目的，就必须有所付出。销售员务必使自己的笑容亲切、开朗，只有这样，才能让客户打开心扉并坦然地接受你。切忌皮笑肉不笑，这样会招致反效果。

也许大家都听说过"一张笑脸价值百万美元"的故事吧！

威廉·怀拉是美国销售寿险的顶尖高手，年收入高达百万美元。而他成功的秘诀就在于拥有一张令客户无法抗拒的笑脸。

威廉原是美国棒球界知名的人士，40岁退役后想去应聘保险公司销售员。他认为凭借自己在棒球界的知名度，应聘应该没有问题，可没想到他惨遭淘汰。人事经理对他说："保险销售员必须有一张迷人的笑脸，而你却没有。"

威廉的倔强性格使他不但没有泄气，反而促使他一定要练出一张笑脸，此后他每天在家里大笑百次，弄得邻居以为他因失业而发疯了。

为了避免误会，他干脆躲在厕所里大笑。他搜集了许多明星人物迷人的笑脸照片，贴满房间，以便随时观摩学习。另外，他买了一面与身体同高的大镜子放在厕所内，以便每天进去练习大笑三次。经过长时间的练习，他终于练出了一张迷人笑脸，而凭着这张"婴儿般天真无邪的

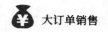

笑脸"，他也成了寿险行业的销售冠军。成为百万富翁的威廉经常说："一个不会笑的人，永远无法体会人生的美妙。"

销售人员一定要记住，真诚动人的微笑会令客户倍感亲切，难以忘怀，使客户心里觉得像喝了蜜一样的甜美。如果销售人员展露的笑容缺乏自然感和亲切感，那就要像威廉·怀拉那样，每天抽空对着镜子勤加练习。

作为一名销售员，你不需要把聪明挂在脸上，但时刻不要忘记把微笑挂在脸上。对于致力于与客户沟通的销售员来说，将微笑挂在脸上是十分重要的。

微笑是人和人交往中最通用的语言，在销售员和客户的交往过程中，微笑起着重要的沟通作用。

和客户第一次接触时，脸上展露灿烂的微笑，往往能够让客户放松戒备。没有什么人会拒绝笑脸迎人的销售员，相反人们只会拒绝满脸阴沉、显得十分严肃的销售员。

在处理客户异议的时候，脸上同样要面带微笑。因为此刻的微笑代表销售员的自信，自信有能力圆满地解决问题，自信能够让客户满意。

当对客户要求表示拒绝时，脸上同样要有微笑。此刻的微笑表示销售员很认同客户的观点，但是确实无能为力，还希望客户能够体谅。

当达成交易与客户道别时，脸上还要带着微笑。此刻的微笑表示，销售员十分感谢客户的购买，对商谈的结果十分满意。

当未达成交易和客户道别时，销售员脸上理所当然地也要有微笑。此刻的微笑表示虽然没有达成交易有些遗憾，但友谊已经建立，以后肯定还有合作的机会。

仪表不俗，才能得到客户重视

外在形象关系到我们留给别人的第一印象，作为一名销售员，如果你的仪表过不了关，那么客户就会对你和你要销售的产品先失去了兴趣：这么差劲的销售员，拿得出什么好东西吗？因此，销售高手都十分注意调整自己的外表，以期直接迅速地给客户留下最好的印象。

销售过程中的第一面都是根据外貌来判别人的品质和才能的，衣着打扮品位好、格调高的销售员，往往占尽先机。然而这并不意味着打扮得越华丽越好，对销售员来说，最重要的是打扮的适宜得体，这样才能得到客户的重视和好感。

适宜得体的衣着是仪表的关键，所以销售员应该注意其服饰与装束。服饰的穿着没有固定的模式，应该根据预期的场合、所销售的商品类型等灵活处理。一般来说，销售员穿白衬衣，打领带，配深色西装为宜。若故意穿奇装异服，想以此给你的客户留下深刻的印象是不明智的。销售员的衣着应与自己要走访的客户服饰基本吻合，如果反差太大，你的客户将难以接受你及你销售的商品。若一名销售员穿着笔挺的西装、锃亮的皮鞋，珠光宝气地去走访客户，那无疑是自寻绝路。销售员的衣着还应与客户所在的场合相一致，如果你的销售对象是在工作场所，则穿着应较为正规；如果走访对象是在家中，穿着则可休闲一些；如果你走访的对象是高层管理者，则应注意服饰的品牌、质地。销售员也应注重自身的整洁状况和卫生习惯，如，男销售员应经常修整自己的胡须、头发，以便给人以精神饱满的感觉，而不修边幅、邋邋遢遢，就有可能会

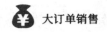

失去销售机会。

那么，怎样的装扮才算得体呢？

要想做一名专业的销售员，一定要有一个适合自己的着装标准。对于男销售员来说，与客户见面时可以穿带领 T 恤和西裤，使自己显得随和而亲切，但要避免穿着牛仔装，以免显得过于随便。如果是去客户的办公室，则要求穿西装，因为这样会显得庄重而正式。在所有的男式服装中，西装是最重要的，得体的西装会使你显得神采奕奕、气质高雅、内涵丰富、卓尔不凡。

销售员在选择西装时，最重要的不是价格和品牌，而是包括面料、裁剪、加工工艺等在内的许多细节。在款式上，样式应简洁。在色彩选择上，以单色为宜，建议至少要有一套深蓝色的西装。深蓝色显得高雅、理性、稳重；灰色比较中庸、平和，显得庄重而得体；咖啡色是一种自然而朴素的色彩，显得亲切而别具一格。

另外，穿西装还要注意熨烫，口袋里不要塞得鼓鼓囊囊。切忌在西裤上别着手机、大串钥匙，这会破坏西装的整体感觉。

在选择领带时，除颜色必须与自己的西装和衬衫协调之外，还要求干净、平整不起皱。领带长度要合适，打好的领带尖应恰好触及皮带扣，领带的宽度应该与西装翻领的宽度和谐一致。

而在选择衬衫时，应注意衬衫的领型、质地、款式都要与外套和领带协调，色彩上与个人特点相符合。纯白色和天蓝色衬衫一般是必备的。注意衬衫领口和袖口要干净。

在着装的搭配中，袜子也是体现销售员品位的细节。选择袜子时，应以颜色为黑、褐、灰、蓝单色或简单的提花为主的棉质袜子为佳。切记袜子宁长勿短，以坐下后不露出脚为宜，袜口不可以暴露在外。袜子颜色要和西装协调，最好不要选太浅的颜色。

鞋的款式和质地也直接影响到销售员的整体形象。黑色或深棕色的皮鞋是不变的经典。无论穿什么鞋，都要注意保持鞋子的光亮，光洁的皮鞋会给人以专业、整齐的感觉。

女性销售员在着装上也有许多需要注意的地方，最好不要选择皱巴巴的衣服，这样会让客户觉得你很邋遢，而平整的衣服使你显得精神焕发，所以应保持衣服熨烫平整。建议购买服装时多选择一些不易起皱的衣料。

在选择袜子时，要以近似肤色或与服装搭配得当为好。夏季可以选择浅色或近似肤色的袜子。冬季的服装颜色偏深，袜子的颜色也可适当加深。女性销售员应在皮包内放一双备用丝袜，以便当丝袜被弄脏或破损时可以及时更换，避免尴尬。

对于很多女性销售员来说，佩戴饰品能够起到画龙点睛的作用，给女士们增添色彩。但是佩戴的饰品不宜过多，否则会分散对方的注意力。佩戴饰品时，应尽量选择同一色系。佩戴首饰最关键的就是要与你的整体服饰搭配统一起来。

另外，给销售员的一个建议是，选择服装既不要过于时尚，也不能随心所欲。作为一个销售员，前卫时尚不适合你的身份，也不会对你的销售产生任何积极的作用。建议你采用比较中庸的造型，这样一来，对于追求新颖的年轻消费者看来，你不是太保守；对于思想保守的中老年客户看来，你也是一个可以信赖的人。大方简洁的衣服也许不能给你增色，但至少不会给你带来负面影响，它不会让你看起来是轻狂的或者浅

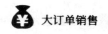

薄的，相反一个循规蹈矩的形象或许能够提升你的信任度！另外，有些年轻的销售员，总是凭着个人喜好，直接穿着喜欢的破洞牛仔裤或者 T 恤衫去见客户，但这可能会给人一种不稳重的感觉，让消费者不信任。

因此，在工作的时候，销售员一定要改掉自己随心所欲的穿着习惯。衣服的选择一定要得体，应该跟你所从事的职业相适应，和你的身份、年龄、气质及所处场合相协调。

别让卫生细节导致前功尽弃

一些销售员很注意自己的衣着装扮，但却常常忽略了一些卫生细节。因此，尽管他们衣着得体，脸上挂着灿烂的笑容，但仍然业绩不佳。因此，对销售员来说养成良好的卫生习惯也是非常重要的。

戴安娜是一位日化用品销售员。有一次，她赶到某位夫人家里做产品演示，去的时候戴安娜充满自信，因为这位夫人是一个老客户介绍的，而且对戴安娜公司的产品颇有兴趣，但是不到半个小时，戴安娜就垂头丧气地从那位夫人家中出来了。因为她犯了一个错误。当她做演示时，发现自己右手的指甲缝里沾了不少油污——可能是做家务时留下的痕迹。这些平时不太引人注意的油污，此刻却变得格外刺眼，她感到那位夫人一直在盯着她这只手，于是她只好手忙脚乱地做完了演示，结果不言自明，那位夫人婉转地拒绝了戴安娜的销售，而最让戴安娜难过的是对方看她的眼光，分明是在告诉她："你不是一个合格的销售员。"

不修边幅、不注重个人卫生就会给客户留下恶劣的印象，直接影响销售活动的进行，甚至会导致事业的最终失败。所以，注意卫生细节是非常必要的。

销售员们都应该时常自测一下，头发是否有头屑？当你穿着深色的衣服时，那些白色的头屑会让人感到厌恶的。因此，销售员要经常洗头，确保自己的头发看起来是健康亮泽的，并且没有头屑。

眼睛。如果刚刚睡醒，一定要好好洗洗脸，特别要注意自己的眼角，不要留下东西。更不要等到你的客户提醒你："你的眼角有东西。"

牙齿。如果你吸烟的话，那么想办法保证你的牙齿是洁白的，必要的话可以定期洗牙，"唇红齿白"向来是招人喜欢的。如果刚吃完饭，还是漱漱口吧，千万不要让菜屑留在你的牙齿表面。

口气。无论男女，就算不能呼气如兰，至少也应该保证没有异样的气味。一口的异味会让你的客户避你如瘟疫。你可以自己用手轻捂住嘴，张嘴吐气试试看，有没有其他味道，见客户前，可多嚼些口香糖，既可清新口气，又可清洁牙齿。

颈部。是另一个容易忽略的地方。请你仔细看看，或者请亲近的人帮你看看，你的颈部，尤其是后颈和耳后的位置是不是和脸一个颜色。如果不干净的话那就应该反省自己洗脸的方式了。洗脸的时候记住顺便洗洗脖子，当然如果你天天洗澡，那实在是一个好习惯，你也不需要担心这个了。

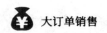

注意手指甲。不要把自己那双指甲里全是污垢的手放在客户面前。否则，客户会发现你是多么不讲卫生。

最后，请确认自己的身上没有令人不愉快的味道散发出来。一定要养成勤换内衣裤的习惯，可怕的气味有时候会从里面散发出来，那实在是太让人尴尬了。如果你发现自己身上有异味的话，就赶快换衣服、洗澡，然后用点香水或者香体液。千万不要直接用香水，难闻的体味和香水一旦混合，那是更加可怕的事情。试想，客户面对着一个浑身散发着异味的销售员，他心中会做何感想？他一定是避之唯恐不及。所以一定要常洗澡，保持身体干净，无异味。更应注意的是腋臭。有腋臭的人本身并没有错，他们也有权利和别人一样成为专业的销售员。但不幸的是，他的腋臭可能会给他的客户带来不愉快的感觉，影响他的业绩。

但是，那些有腋臭的销售员自己是闻不到那股气味的。因此，他们根本想不到客户不悦的原因。对个人卫生的注意，再多也不过分，作为一名销售员，你一定要养成良好的卫生习惯，这样才能赢得客户的信任和好感。

销售员守则：在不确定自己是干净清爽的情况下，尽量避免拜访客户。客户不会对你的相貌过分挑剔，但对你的不讲卫生却绝对无法认可。

彬彬有礼，客户才能更加喜欢你

一般来说，销售员都是比较"能说会道"的人，可是并不是所有"能说会道"的人都能成为优秀的销售员。这是因为对销售员的语言要求，不仅是"善谈"，更主要的是还要有"礼节"，言谈的有礼与否往往决定着销售员的销售业绩。

一个年轻的销售员走进洛德先生的办公室："嘿，老兄！来看看我们的这种复印机吧！瞧，这正是你用得上的。""对不起，我不需要。"洛德先生回答说。"别这样一口拒绝我嘛！你看你现在用的这台又老又旧，和办公室很不搭调，你该换换口味了，老兄！"接下来这位销售员熟练地把他带来的产品打开，在洛德先生面前演示了一遍，他的解说真的很精彩，洛德先生几乎都要动心了，但——"年轻人，谢谢你的精彩演示，但我的答复还是'不'！不仅因为你对我无礼的称呼，还因为你不该贬低我的这台老式复印机，它是已故父亲留给我的最珍贵的礼物！"

在销售实务活动中，销售员一定要注意自己的言谈，只有彬彬有礼、言谈有素，才会受到人们的欢迎。

1.打招呼要注意礼节

销售员见到客户的第一件事就是向客户打招呼。一个恰到好处的问候，会给客户留下一个良好的印象。问候时，要注意根据客户的身份、年龄等特征，使用不同的称呼。另外，在向客户打招呼时，还要注意和客户在一起的其他人员，必要时须一一问候。因为这些人常常是客户的亲属、朋友、同学或同事。

称呼时要视客户情况而定，但不能把客户分为三六九等，应对所有

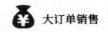

客户一视同仁，都以温和、礼貌、亲切的语气和态度进行交谈。此外，称呼客户时要使用个性化的语言，如对老年客户称"大爷"或"大妈"，对中青年人可称"先生""女士"或"小姐"，对少年儿童可称呼"小朋友""小弟弟""小妹妹"这类用语，对外宾可称"先生""夫人""太太""女士"等。

20世纪80年代的销售员，皮包里常揣着几包红塔山香烟，到了企业就猛发一气，显得很潇洒。但这一举动如果放在21世纪的今天，人家会以为你是来自边远地区乡镇企业的销售员，而且也根本不会吸你的香烟。"小姐"这个称谓，在20世纪90年代初，对年轻女性称呼起来还很时尚，曾几何时，一些地方把三陪小姐也简称为小姐，因此，有些地方的女性不乐于称她为小姐，这显然是销售员必须注意的。

一位销售员到一高档居民区销售产品，他问一位气度儒雅的老人："请问这位大妈，这里的住户都是干什么的？"这位老人慢慢悠悠地答道："大妈老了，什么也不知道啊！"

销售员听出了老人的不悦，但又不明白问题出在哪里。原来，这是一个高级知识分子生活的社区，惯于接受"老师""教授"的称呼，"大妈"这个称呼如何能让她接受？所以，这次询问的失败归咎于称呼不当。总之，销售员在与客户交谈时，须注意打招呼要文明、礼貌、恰当。要做到这一点，就请你务必记住，在打招呼时最好用上"请"和"谢谢"，因为这些词语是人际交往中的礼貌金句。

2. 合理选择交谈的语言

如果客户讲方言，而你又正好熟悉他所讲的方言，就可以适当用方言与客户交谈，这样既能融洽气氛，又能拉近双方的心理距离，增进双方的感情；如果不熟悉客户的方言，就用普通话交谈，因为不地道的方言可能会在沟通中造成误会；若是同时有多人在场，又并非所有的人都讲同样的方言，最好用普通话交流，千万不要旁若无人地与其中某一位讲方言，让其他人不知所云，颇觉尴尬。

另外，与客户交谈时还要注意使用通俗的语言，通俗易懂的语言最容易被大众所接受。所以，销售员在语言使用上要多用通俗化的语句，少用书面化、专业化的语句。如果故意咬文嚼字或使用深奥的专业术语，会令客户感到费解和不悦，这样不仅不能与客户顺利沟通，还会在无形之中拉大你与客户之间的距离。

3. 与客户交谈要注意分寸

与客户交谈时，有的销售员说到高兴时就忘乎所以，说话没有了分寸。要知道，这不但不礼貌，还非常有损于你的专业形象。切记，在交谈中，下面这些敏感的雷区是要小心避免的：

①当客户谈兴正浓时，要倾心聆听，不要与客户抢话，不打断客户；

②对于你不知道的事情，不要硬充内行，以免说错了贻笑大方；

③不可在客户面前谈论他人的缺陷和隐私，或贬低自己的竞争对手；

④不可谈论容易引起争执的话题，以免与客户产生冲突；

⑤说话时避免引用低级趣味的例子，以免令客户感到尴尬，或觉得你没风度。

销售是说服的艺术，销售员必须学会面对不同的销售场合和销售对象，使用恰当的语言进行说服。这样才能取得最佳的销售效果。

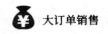

举手投足，要有职业气质

　　销售人员在拜访客户时除了要注意自己的仪容和服饰外，还需要注意自己的行为举止。务必做到举止高雅、落落大方，遵守一般的进退礼节，尽量避免各种不礼貌或不文明的行为习惯。这对销售员来说很重要，因为客户是不会接受一个举止粗俗无礼的销售员的，即使他的产品很好。

　　行为举止是一种无声的语言，是一个人性格、修养的外在体现，它会直接影响到客户对销售员的观感和评价，因此销售员在客户面前一定要做到举止高雅，坐、立、行、走都要大方得体。

　　坐相。一些销售员在客户面前总是坐立不安，晃来晃去，结果给客户留下了极不好的印象，他们的销售往往以失败告终。那么怎样才算"坐有坐相"呢？销售员到客户家拜访时，不要太随便地坐下，而且在客户尚未坐定之前，销售员不要先坐下；坐姿要端正，身体微往前倾，千万不可跷起"二郎腿"。因为这样不但不会让客户觉得你很亲切，反而会觉得你不讲礼貌。销售员在就座时需要注意以下事项，以避免引起客户的反感：入座轻柔和缓，至少要坐满椅子的2/3，轻靠椅背，身体稍前倾，以表示对客户的尊敬，千万不可猛起猛坐，以免碰得桌椅乱响，或带翻桌上的茶具和物品，令人尴尬。

　　坐下后，不要频繁转换姿势，也不要东张西望，上身要自然挺立，不东倒西歪。如果你一坐下来就像滩泥一样地靠在椅背上或扭捏作态，都会令人反感；两腿不要分得过开，两脚应平落在地上，而不应高高地跷起来摇晃或抖动。

与客户交谈时勿以双臂交叉放于胸前且身体后仰，因为这样可能会给人一种漫不经心的感觉。

总的来说，男士的坐姿要端正，女士的坐姿要优雅。

站姿。有一位销售员几乎已经成功地说服了他的客户，可是当他们站到办公室的吧台前谈具体事宜时，他的站姿却坏了事：他歪歪斜斜地站在那里，一只脚还不停地点地，好像打拍子一样。这位客户觉得销售员是在表示不耐烦和催促，于是，他就用"下一次再说吧！"把这位销售员打发走了。销售员的不雅站姿，使得本该成功的交易突生变故，这就是举止无礼的后果。

销售员必须"站有站相"，因为良好的站姿能衬托出高雅的风度和庄重的气质。正确站姿的基本要点是挺直、稳重和灵活。站姿的禁忌是：一忌两腿交叉站立，因为它给人以不严肃、不稳重的感觉；二忌双手或单手叉腰，因为它给人以大大咧咧、傲慢无礼的感觉，在异性面前则有挑逗之嫌；三忌双手反背于背后，因为这会给人以傲慢的感觉；四忌双手插入衣袋或裤袋中，显得拘谨、小气；五忌弯腰驼背、左摇右晃、撅起臀部等不雅的站姿，给人懒惰、轻薄、不健康的印象；六忌身体倚门、靠墙、靠柱，这样会给人以懒散的感受；七忌身体抖动或晃动，这样会给人留下漫不经心、轻浮或没有教养的印象。

潇洒优美的走路姿势不仅能显示出销售员的动态美，也能体现出销售员自信乐观的精神状态。人们常说"行如风"，这里并不是指走路飞快，如一阵风刮过，而是指走路时要轻快而飘逸。具体要求是：

走路时要抬头挺胸，步履轻盈，目光前视，步幅适中；

双手和身体随节律自然摆动，切忌驼背、低头、扭腰、扭肩；

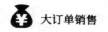

多人一起行走时，应避免排成横队、勾肩搭背、边走边大声说笑；

男性不应在行走时抽烟，女性不应在行走时吃零食。养成走路时注意自己风度、形象的习惯。

有的销售员问，走路姿势与销售业绩有关吗？答案当然是肯定的。因为你不养成良好的走路姿势，势必会在销售的过程中给客户留下不好的印象。

除了注意坐、立、行、走的姿势外，销售员还要特别注意的是千万不要在客户面前做出一些不雅举动，这些不雅举动会使你的形象大打折扣，甚至会损害一桩交易。

在一个不吸烟的客户面前吸烟是一种很失礼的行为，这样做不仅会令对方感到不舒服，还会令他对你"敬而远之"；

无论男女，搔痒动作都非常不雅，如果你当众搔痒，会令客户产生不好的联想，诸如皮肤病、不爱干净等，会让客户感觉不舒服；

对着客户咳嗽或随地吐痰，也是一种应该杜绝的恶习。每一个销售员都应清醒地认识到，随地吐痰是一种破坏环境卫生的不良行为，这种举动本身就意味着缺少修养；

打哈欠、伸懒腰。这样会让客户觉得你精神不佳，或不耐烦，客户因而也会对你和你的产品失去兴趣；

高谈阔论，大声喧哗。这种行为会让客户感觉你目中无人。一个毫不顾及旁人感受的人又怎么会为客户提供细致的服务呢？

交叉双臂抱在胸前，摇头晃脑的。这样的举止会令客户觉得你不拘小节，是个粗心的人；

双脚叉开、前伸，人半躺在椅子上。这样显得你非常懒散，而且缺乏教养，对客户不尊重，很容易会让客户产生反感。

　　销售员应随时随地注意自己的言行举止，在平时就要注意纠正自己的不雅行为，这样才能将自己最好的一面展现给客户。

用心倾听，销售才能顺利进行

　　一些销售员之所以业绩不好，往往是因为他们忽视了倾听的礼节。这些销售员总是说的太多，听的太少，结果客户感受不到对自己的尊重，自然也就不会对销售员产生好感。而生活中我们会发现，那些顶尖的销售高手，往往也是倾听的高手。

　　卡耐基认为：倾听是一种典型的攻心战略，一个不懂得倾听，只是滔滔不绝、夸夸其谈的销售员不仅无法得知有关客户的各种信息，还会引起客户的反感，导致销售最终失败。作为一名优秀的销售员，首先必须是个高明的听众。当客户热心谈论的时候，你要做出认真倾听的样子，如此，销售才能顺利进行。

　　有一位汽车销售员，经朋友介绍去拜访一位曾经买过他们公司汽车的客户，一见面，这位销售员便照例先递上名片介绍了一下自己。没想到才说几个字，就被那位客户以十分严厉的口吻打断，并开始抱怨当初他买车时的种种不愉快的经历，比如车价太贵、内装及配备不完美、交

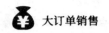

车等待过久、服务态度不佳……讲了一大堆，而这位销售员只是静静地在一旁听他抱怨，并没反驳他。

终于等到这位客户把以前所有的怨气全倾诉完之后，才发觉这个销售员好像以前没见过，于是便有一点不好意思地回过头来对他说："年轻人，你贵姓呀，现在有没有好一点的汽车？拿份目录来看看吧！"一个小时过后，这位销售员高兴地离开了，因为他手上拿着一辆福特车的订单。

在这次销售中，这位销售员从头到尾恐怕没有讲上几句话，但他却成功地完成了交易，这就是"听"的艺术。

倾听除了出于礼节的考虑，它还能使客户感到被尊重，可以缓和紧张关系，解决冲突，增加沟通。对一个成功的销售员来说，有效的销售方法是自己只说30%的话，把70%的话留给客户去说。

西方人说，上帝赐予我们两个耳朵、一个嘴巴，就是要我们少说多听。如果你是一位话多的销售员，请改变一下自己吧，要先学会做一位优秀的倾听者。

倾听也是一门艺术，你只有掌握了倾听的技巧，才能打动客户。

（1）耐心倾听，把握销售良机。心理学家的统计证明，一般来说，人说话的速度为每分钟120～160个字。而听话及思维的速度比讲话速度大约快3～4倍。鉴于这种差距，销售员在聆听时，应充分利用这个时速差来用心思考，琢磨客户的说话内容。反之，如果对客户的说话内容听而不闻，或者在听的时候想别的事情，那就有可能因此错失销售的良机。

作为销售员，能够耐心倾听客户的谈话，等于告诉对方"你是一个值得我倾听你讲话的人"，这样在无形之中就能提升对方的自尊心，加深彼此的感情，为销售成功创造和谐融洽的环境和气氛。因此，听人谈话应像自己谈话时那样，始终保持饱满的精神状态，专心致志地注视着对方。

（2）倾听的态度要谦虚。销售的主要议题是沟通信息、联络感情，而不是辩论或演讲比赛，所以在听人谈话时，应持虚心聆听的态度。有些人觉得某个问题自己知道得很多，就中途接过话题，不顾对方的想法而自己发挥一通，这同样是不尊重对方的表现。或者急于发言，经常打断对方的讲话，迫不及待地发表自己的意见，而实际上自己往往还没有把对方的意思听懂、听完，这就会让对方有表达不顺畅的感觉。

在一些销售场合，如果你不赞成对方的某些观点，一般应以婉转的语气表示出疑问，请对方解释得详细一些。或者说，"我对这个问题很有兴趣，我一直不是这样认为的""这个问题值得好好想一想"。即使你想纠正对方的错误，也尽量在不伤害对方自尊的条件下以商讨的语气说："是这样吗？我记得好像是……""贵方在以往的销售中似乎是另一种做法……"如此这般，就足以使对方懂得你的意思了。

（3）用心倾听，了解客户意图。销售员在倾听客户说话时，需要了解客户的真正意图，只听其话语的表面意思是远远不够的。

听客户谈话时，要能控制自己的感情，不要总想占主导地位，一个处处想表现自己的人，绝对不是一个好的销售员。

（4）要有反馈性的表示。要使自己的倾听获得良好的效果，不仅要细心倾听，而且还要积极回应。自己的表情要随对方表情而变化，并用简单的肯定或赞赏的词语适当地表达自己的认同感等。这样，客户会认

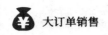

为销售员在认真地聆听，而愿意更多、更深层地讲出自己的观点。要注意不断将信息反馈给对方，以检验自己的理解是否正确，并引导客户谈话的内容。

一般来说，销售员在倾听的同时，可以采用以下几种方法做出倾听反应：

一是轻轻地点头做出反应表示同意。销售员用这种方法表示自己正在听客户的谈话，有时轻轻点几下头以表示对客户所传达的信息的赞同或默认。

二是销售员的目光要注视正在说话的客户，不要做其他任何动作，也不要说话。这表明你正专心致志地倾听客户的谈话，并且对客户的谈话表现出浓厚的兴趣。这也是对客户的尊重。

三是销售员偶尔发出声音，用尽量少的言词表示出自己的意思。比如："真的啊""是那样""没错"。使用这种词语，一般表示销售员对于客户的话有所了解，或者表示同意客户的看法。

认真倾听客户讲话，是赢得客户的一种非常有效的办法。每一位销售员都应学着少说多听，这是获得订单的捷径。

情感，是达成交易的重要作用点

销售从本质上来说，有一定的理智成分在内。比如你所销售的商品必须是客户切实需要的，价格合理，这些就是所谓的理智成分，但是，人都是感情动物。有一句话这样说："客户是用情感购物，用理智判断得失。"要促成客户购买，销售活动就应当侧重于情感，而非理智。理智只能巩固销售，情感才是达成交易的作用点。

毫无疑问，人们购买每一种物品都是为了满足自身的需要。购买必需品，人们是靠理智来购买。而对于大多数物品，人们则是依靠情感来购买的。所以，在销售中，以情感为核心是至关重要的。

许多销售员的失败就在于他们忽视了"客户是凭情感购物的"这一点，他们只是用理智向客户销售他们的产品。也许你的产品确实对客户有用，但是如果客户没有购买欲望的话，又怎么会买你的产品呢？

因此，作为一名销售员，要想成功地销售出自己的产品，就必须优先考虑情感上的东西，多一些人情味。在销售过程中多一些人情味，可以使你博得客户更大的好感，同时给你带来更多的商机，太理智化、太商业化的销售员是不会受到人们欢迎的。

明珠珠宝店是一家经营饰品的商店。虽然它只是一个占地不足 180 平方米、由 15 名营业员组成的普通珠宝店，但是令人意料不到的是，它每个月的销售额竟然超过 80 万元。

人们迷惑不解，明珠到底有何高招呢？明珠的总经理凯特女士认为，作为一个商人谁都想赚钱，但要讲究方式方法，应尽量使商业味淡一些，人情味浓一点，那样才会让客户感到舒心。

曾经有一位客户在明珠珠宝店内逛了很长时间，但是他却没有说明要购买的东西，营业员猜想这位客户一定是想购买一些东西，但不知有

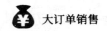

什么顾虑。于是，营业员将他请到了办公室中，给他端上了一杯饮料。通过交谈，营业员得知，这位客户想购买大量的珠宝，但为了保证安全，想单独进行交易。而营业员的这一举动正好符合了客户的心理需求，于是轻而易举地就签下了一笔大订单。

可见，人情味有时很容易打动人心。

每个人的购买欲很多时候来得突然，但又会稍纵即逝。恰到好处地向客户传递销售者的人情味，便极有希望捕捉到成交的契机。比如大人带着小孩子逛商场，小孩子一般不感兴趣，常常闹着要离开。针对这种情况，我们就可以准备一些儿童小玩具，赠送给小朋友，这样既达到了稳住小朋友的目的，又让大人感受到我们的人情味，能够有效缩短彼此间的距离，从而大大激发出客户的购买欲望。

辑二

控局

为成交奠定一个坚实基调

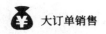

≫ 第4讲

挖掘：怎样找到你的有效客户 ≫

客户就是财富。销售起源于寻找客户，然后使潜在顾客成为现实顾客、挖掘更多的顾客，有多少客户和如何开发客户，决定了一个销售员销售事业的成败。

客户，就在你身边

客户在哪里呢？其实回答这个问题并不难，用销售行业里的一句名言作答就是：客户就在你身边。

作为销售新人，或许你会不以为然地发怨气道："你说得倒是简单，要是那样的话，每个销售员每一天都有骄人的业绩了。"如果这样认为，你就错了。客户就在你身边，这是给所有销售员指出的一条发掘客源的光明大道。不要以为擦肩而过的都是与你无关的行人过客，其实他们都是你潜在的客户。

销售新人应当养成随时开拓潜在客户的习惯，因为任何人都可能成为你的客户。许多销售新人甚至老销售员在寻找客户时，总是费尽心机，吃尽苦头。造成这种局面，多半是销售员们思想上出现了问题。实际上，只要你勇敢地主动出击就会发现，你的客户市场是无限广阔的。

作为销售新人，如果从事柜台销售，那就只能坐等客户上门，但若从事的是销售工作，就必须主动地去开发市场。销售新人不要因外表形象及业务素质等条件不够优越而产生消极心理，只要有足够的客户拜访量，一定可以取得可喜的业绩。从相反的角度来讲，销售新人如果不敢大胆地去拜访客户，那么他即使具备极高的素质、完美的形象，也没有人会知道。因此，销售新人一定要勇于寻找和拜访客户。

销售新人寻找客户，通常可以从两方面着手，一是企业，二是个人。

开拓企业方面的市场，必须先掌握与企业相关的信息，这些信息可以通过企业内部刊物搜集到，而其他行号名册、内部报纸、分类广告等也往往是市场信息来源。此外，销售新人还需要进一步打开思路，扩大搜寻区域，通过市场调查和走访来发掘客户。

至于个人市场的开发，根据销售员个人的喜好可能会有所差异，但搜集个人信息的一些途径还是大同小异的，即通过毕业生名册、同学录、同乡会名册、教职员通讯录，以及其他正式、非正式的名册来了解他们的情况，进而打开销售局面。

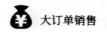

　　找到客户尚不足喜，由于客户是经常变化的，因此要不断更新和补充新的客源，在已有的客户中挖掘新客户，这是销售员能够持续拥有客户的基本前提。

　　关于搜寻和利用信息，行内总结出许多方法，在这里我们称之为新市场开发法。事实上，新市场的开发并没有想象中的那样困难，只要稍微动点脑筋，多方寻找新的客户，你就能开拓出自己的市场。从市场调查走访中寻找潜在客户，是在更大的区域和更广阔的视野内实现销售战略的秘诀。这样的搜寻不仅增加了销售机会，而且对维持一个稳定的销售量起着至关重要的作用。

　　也就是说，客户到处都有，关键是看你如何去寻找。

　　有些聪明的销售员，在搭公交车时向前座的乘客销售，有的向出租车司机销售，有的到商店里拜访……有的销售员更加智慧，到商店销售时，见店里生意太好忙不过来，便充当店员帮忙招呼客人，几次下来不但赢得了老板的感激，也为自己赢得了高额订单。这些都是销售员发掘客户的好办法。销售新人应从中受到启示，积极开拓自己的客户市场。

　　不论在何时何地，销售新人都要有一种必胜的信念，万万不可自我设限，总是想着"我这种产品只卖给高档人群"、"郊区的客户可能很少"……这样下去，销售之路只能越走越窄，销售额自然越来越差。

　　作为一名销售新人，必须学会勤奋地去挖掘客户，如果你这样做了，就会发现，客户其实无处不在。

真正的决策者或许并不起眼

在销售过程中，我们应该重视自己所遇到的每一个人。这"每一个人"包括你的客户、客户身边的所有人。因为即使再老练的销售员，也无法一眼就能判断清楚哪个人会购买自己的产品，哪个人才是真正的购买决定者。

1. 客户身边的人往往可以左右客户

有这样一位医药代表，他的准客户中有一位开着一家小药店。每次他到这家店里去的时候，总是先跟柜台的营业员寒暄几句，然后才去见店主。有一天，他又来到这家药店，店主突然告诉他今后不用再来了，他不想买这位销售员的产品，因为他们有了更好的选择。这个销售员只好离开药店，他开着车子在镇上转了很久，最后决定再回到店里，把情况弄清楚。

走进店时，他照例和柜台上的营业员打招呼，然后到里面去见店主。店主见到他很高兴，笑着欢迎他回来，并且马上决定购买他的产品。销售员十分惊讶，不明白自己离开药店后发生了什么事。店主指着柜台上一个卖饮料的男孩说："在你离开店里以后，卖饮料柜台的小男孩走过来告诉我，说你是到店里来的销售员中唯一会同他打招呼的人。他告诉我，如果有什么人值得做生意的话，应该就是你。"店主同意这个看法，从此成了这个销售员最忠实的客户。

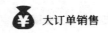

这位销售员说："从那以后，我永远不会忘记，关心、重视每一个人，这是我们销售员必须具备的素质。"这个例子告诉我们，销售员在与人相处时，要想受到欢迎，就应真诚地关心别人、重视别人。每一个人，不管他是什么人，也不管他的实际状况如何，在内心深处都是应该非常重视自己的。

重视别人，自然包括重视客户的孩子、夫人甚至亲朋好友。通过客户的孩子，把自己对产品对销售的积极态度传递给你的购买决策人，从而激起客户的购买欲。记得曾有人说过："我非常赞成偶尔地为客户或客户的孩子帮一点儿忙，同时认为在商务活动中，这是一个被人们大大忽略了的手段。在商务关系中，间接地把孩子包括进来，总能给孩子留下深刻的印象。被人记住、被人欣赏，从长远的发展来看，通常能得到报答。"

2. 真正的决策者也许躲在客户背后

一位资深的保险销售员讲了这样一件事：

我曾为一份成交希望很大的保单几次去一个客户家里，有时甚至谈至深夜。记得有一回，当我从客户家的卫生间出来，走到走廊上，忽然听到一个老太太用沉重的语气对我的客户说："说实在的，我不同意。前天他来时，看到我连声招呼都不打，根本没有把我这个老太婆放在眼里！我说不买就不买！我活了这么大年纪，从未投过保，不也过得很好吗？而且他们的保费那么贵，我可没钱买！"

听到这些话后，我恍然大悟，这个我前天来时都未正眼瞧的老太太，却是真正的"伏兵"。

我再也不能待下去了，便匆匆告辞。回到家我辗转反侧，不能入睡。怎么办呢？怎么才能缓和老太太的反感情绪呢？我被这个问题困扰着。第二天，我路过一家电器商店时，突然灵机一动：对，买床电热毯送给老太太。于是我去户籍处查了资料，得知还有 20 天是老太太的 70 岁古稀寿诞，便在电热毯上绣上"恭贺您 70 岁古稀寿辰……"赠送给了这位老太太。

不用说，老太太惊喜一场。最后成了朋友也拿下了订单。

在家庭中，究竟谁是购买决定者很难说，正常情形是夫妻共商，有时是妻子做主，有时是丈夫做主，有时候是丈夫出面谈判，妻子在幕后指挥。但有时候会出现伏兵四起，奇兵难料，从老婆婆到孙子、小姑子，每个人都可能是有决定权的人物。

3. 不能以貌取人

很多销售员时常捶胸顿足地痛悔自己错失了良机，而且是他们自己把机遇从身边推走的，出现这种局面的原因通常很简单：比如自己轻视了某个人。有这样一件事：

两个汽车交易厅在同一条街上打擂台，相互间竞争的非常激烈。有一天 A 厅来了个奇特的客户：他穿着一条沾满泥巴的裤子，手里还拎着个塑料袋，总之他的形象与汽车展示厅显得格格不入。A 厅的一个导购小姐皱着眉头走了过来："先生，您需要什么汽车！"这个人有点慌乱地说："啊，不，我只是看看！"导购小姐眉头皱得更深了，"我们这的车都是展示品，你别给碰脏了，再说我们这儿也不是商场，跑这儿来参观什么！"导购说完后，便扭头走了。这个人讪讪地站了会儿，也只好离开了。过了一会儿，他推门进了 B 厅，一个导购小姐看见了他便打招呼"先生，有什么可以为您效劳的吗？"这个人淡淡地说："我就是看看。"然而导购小姐一直紧跟在他身侧，每当这个人对某一款车多看几眼，她就赶忙介绍一番。这个人有点不好意思了："我不买车，只是看看！"导购小姐却仍是满面笑容："我知道，不过让您了解一下也好啊！"听完导购小姐的话，这个人紧皱的眉头也舒展开了，"导购小姐，我要买 30 辆 Z-Z 型农用车，你马上给我下单子吧！"导购小姐大吃一惊，"可，可我们经理不在！"这个人温和地笑着说："不用找你们经理了，你对我的态度已经使我毫无保留地信任你！开票吧，我先付定金！"

就是因为轻视别人，A 厅的导购小姐失去了一个数额巨大的订单，如果她知道那位衣衫陈旧的人会是个潜在的大客户，一定会后悔不迭吧！

这个案例的启示就是，作为一名优秀的销售员，切不可以貌取人，要懂得重视销售中遇见的每一个人。如果你能坚持做到这一点，那么你的业绩一定会直线提升。

在销售这条路上，我们会碰到各种各样的人，每个人都有自己的独特之处，你并不知道什么人会对你有所帮助，什么人能影响你的命运，所以每一个人我们都不能忽视，这样我们才能不致错过任何机会，才能更快地走向成功。

我们常说"客户就是上帝"，但很多人对"上帝"也有高低贵贱之分！这不是一个卓越销售员的操守。要知道，我们不可能完全了解任何一位潜在客户。他是否有购买能力、兴趣何在，不经过面谈你便无从知晓。所以，我们千万不要忽视任何一个人，以免因小失大。

分清有效客户与无效客户

在销售之前，首先要找到你的准客户，这样你才能展开销售。如果你找到的是"假"客户，那么即使你的工作做得再努力，最后也不会有结果。

美国的一位房地产销售员去访问一家客户，这家太太对他说："我现在有 100 万美元左右可自由使用，我先生忙于外事，无暇顾及家事，便由我做主来购买一幢别墅。"销售员一听喜上眉头，便三番五次地到她家拜访。一次他们正在谈话，有人敲门要收购酒瓶，这位太太便搬出了一大堆空酒瓶，销售员却发现尽是些普通酒，不禁心中生疑，既然这么有钱，怎么总喝普通酒呢？果然，偶遇其夫时，当销售员谈及别墅时，其夫很是惊讶："哪有这事，我们家没有闲钱去去买别墅呀！"

这个销售员就没有找对客户，如果不是男主人点醒了他，那么他再

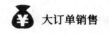

拜访一年销售也不会成功。

决定销售活动能否成功的因素有很多，但最根本的一点，是要看销售的产品能否与顾客建立起现实的关系。这种现实的关系表现为三个基本方面，即顾客是否有购买力，是否有购买决策权，是否有需求。只有这三个要素均具备者才是你的准顾客。顾客资格鉴定是对顾客研究的关键，鉴定的目的在于发现真正的顾客，避免徒劳无功的销售活动，确保销售工作做到实处。

1. 有经济实力

在销售中我们常常碰到这样的情形：即使顾客有强烈的购买欲望，购买量也很大，但缺乏足够的经济实力，那么顾客也就缺乏现实的购买能力，他的购买行为就暂时无法实现。

一个销售员在分析顾客的购买能力时，首先要从考察经济环境入手，经济环境是制约和影响顾客购买能力的"大气候"，它主要是指社会生产的发展状况、经济增长的速度和人们消费水平对市场供求的影响，从而制约着公司的生产行为与销售员的销售行为。进一步考察经济环境因素对顾客购买力的影响有：经济发展速度和产业结构，制约着公司产品供应构成及其变化趋势；国民收入分配政策，以及公众消费水准，决定市场购买的整体规模和顾客购买的总体能力；市场产品的供求态势及其波动程度，以及价格指数的变动可能给销售成本带来的影响；微观市场的经济环境，包括进货、储藏、运输、销售的具体条件，在一定程度上给销售活动带来的影响程度；了解竞争同行的发展现状，以及本公司、本产品的市场占有率，以此作为制定销售方案和销售策略的依据。

其次，销售员掌握顾客购买能力的大小还要认真分析客观消费环境。销售员面对的客观消费环境，是指影响销售活动的消费因素之总和，其中主要是人的因素。顾客是购买能力的主体，这里需要考虑的相关要素有：

①消费者的收入多少决定购买力大小，从而影响市场的规模和取向；

②人口的地理分布反映了购买的地区差别，构成互有差异的消费群体，产生不同的购买特点和消费结构；

③人口性别差异形成不同特色的消费对象、购买习惯和购买行为方式；

④顾客年龄不同、职业差异所形成的消费需求和购买行为上的个性；

⑤人口数量因素决定的市场购买容量和顾客购买潜力。

在分析顾客的购买能力时，销售员只有确认销售对象既有购买需求又有足够的购买支付能力时，才能列入"准顾客"的名单之中，否则，再投入多少时间与努力也是徒劳的。特别是洽谈那些批量大、价格高的产品交易事项，销售员在接触客户之前，应当对客户的自有资金数量、银行贷款规模、现有经济实力和企业信誉诸因素有所了解、有所掌握，事先对于客户有一番摸底调查。根据客户的实力情况和信誉度高低，有的采取一手交钱一手交货，有的可以实行分期分批付款，有的还可以实行赊购，进行期货交易。

2. 有需求

在国外销售界流行这样一则笑话："世上最蹩脚的销售员不外乎以下几类：向因纽特人销售冰箱，向乞丐销售防盗报警器。"如果硬是把商品销售给那些既无购买需要又无购买可能的人，这样的销售员不是欺骗消费者就是弄虚作假。我们既不赞成那种强加于人的摊派式倾力销售，更反对那些软磨硬泡并带有勉强性的销售方式。在客户确实不需要所销售产品的情况下，尽管有时候销售人员可以采用各种促销手法以招揽顾客，甚至还能揽到为数可观的订单，但这一切最终只能损害销售信誉，贬低销售员的人格形象。作为一名优秀的销售员，在找到了潜在顾客之后，必须全面了解顾客的内在需求和购买动机，正确判断自己所销售的产品是否真正符合客户的需要，针对客户的购买需要开展不同形式的销售活动。

所谓"需求欲望"就是销售对象也就是顾客是否需要你所销售的产品。有效地满足顾客的需要是销售工作成功与否的关键所在。假如所销售的产品是顾客根本不需要的，那么销售员无论花费多少口舌，其结果都是无功而返，枉费心机。销售过程中，顾客接受销售信息宣传，购买销售商品大致出于 10 种需要：

①习俗心理需要。销售对象因为种族、宗教信仰、文化传统和地理环境的不同，带来思想观念和消费习俗上的差异。

②便利心理需要。消费者普遍要求在购买商品时享受热情周到的服务，要求合适的购买时机与购买方式，得到携带、使用、维修及保养方面的便利。

③爱美心理需要。俗话说："爱美之心人皆有之。"这句话说的便是顾客追求的消费心理需求。随着社会文明的不断进步与群众生活水准的不断提高，人们的审美要求也随之水涨船高，许多顾客和用户比过去任何时候都更强烈地追求美。

④好奇心理需要。许多消费者对一些造型奇特、新颖的商品，以及刚投入市场的新式产品或服务活动，会产生浓厚的兴趣，希望立即能够购买和使用。

⑤惠顾心理需要。一些消费者因为长期的消费习惯形成了不假思索、不加选择、按经验购买自己常年使用的某种品牌的产品，或者专门认准在某一个店号、一家商场购买商品。这是一种出于理智的消费心理倾向，这类顾客一般不易受外界广告宣传的影响。

⑥求实心理需要。这类顾客在选择厂家和购买商品时，比较注意是否经济实惠、价廉物美。特别是他们对产品价格的变化非常敏感。

⑦偏爱心理需要。在销售对象中，因为自身的兴趣爱好、职业特点、文化素养、生活环境等因素影响，也有部分顾客对某些品牌的商品或者某些名牌店家提供的服务，存在着一种明显的需求欲望和消费偏好。

⑧从众心理需要。这是一种赶时髦、追新潮、紧跟时代潮流的心理需求。在现代社会，人们受舆论、风俗、流行时尚的引导，所见所闻对自己触动很大，致使一般的顾客都会迎合时尚。

⑨名牌心理需要。有不少消费者愿意接受名牌厂商的宣传销售，信任名牌商品，乐意按心目中的品牌认识选购商品。

⑩特殊心理需要。即人们希望自己在判断能力、知识层次、经济地位、价值观念等方面高于他人，独树一帜。

3. 有权力购买

在实际销售过程中，销售人员应该了解顾客的组织机构运作状况，分析对方公司的领导管理机制，掌握销售对象内部主管人员与部门领导

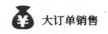

之间的权力范围和职责界限，从而把销售努力集中在对此最具购买决策权的"当事人"和"领导圈"，才能有效地进行销售洽谈。

在通常情况下，许多客户单位的采购决定权，并不是掌握在少数单位领导人的身上，有实际控制权力的人常常是采购部门的主管人员和办事人员。以一家百货商场为例，日常需要购进的商品种类、规格、价格、数量，以至于选择哪一家供应厂商，并不是事无巨细都由总经理裁决，而大多数情况下由二级部门经理和采购人员、办事人员商量最终达成一致。若销售人员不了解这种情况，几次上门都径直找总经理联系，而没有与采购人员和部门领导人打交道，那么这样的销售是很难获得成功的。

选择销售对象是制订销售计划和确定销售策略的前提条件。随着市场经济的发展，竞争日益激烈，销售工作日趋复杂和艰难。一个公司的规模再大，产品竞争能力再强，销售方法和技巧再精明，也不可能赢得市场上所有的潜在客户，这就要求销售员必须为自己划定特定的销售对象和销售范围，满足其中一部分潜在客户的需求，根据本企业的产品特点和宣传优势，从整体市场上选择恰当的销售对象。科学地发现和选择客户，可以利用有限的时间与费用，全力说服那些购买欲望强烈、购买量大、社会影响大的"名流顾客"，借以减少销售活动的盲目性，提高销售工作的成功率。

销售员走出工厂大门，面临的首要难题就是把产品销售给谁，换句话说，谁是自己的潜在顾客。一位销售大师说："找到了顾客，销售就成功了一半。"实践证明：能否正确选择销售对象，直接决定着销售的成败。成功销售的基本法则是：向可能购买产品的人销售。劝说无购买欲望与无购买力的顾客购买产品，无疑是费力不讨好，结果是事倍功半。

通过销售对象的恰当选择，销售员可以利用有限的时间、精力和费用去说服那些购买欲望强烈、购买力大的目标消费者，减少销售的盲目性，提高销售的成功率。

那么选择准客户的基本方法有哪些呢？

第一，对可能的潜在顾客进行分析归类

销售员为了提高自己的销售业绩，使自己的工作更加有的放矢，必须在众多的潜在顾客名单中挑选出最有希望、最有购买可能的顾客。这样做对于销售人员来说是非常重要的，否则，盲目地进行上门销售或宣传促销会造成效率低下，有时还会受到一些客户的抵触。根据欧洲著名销售家戈德曼尔的调查研究，一个销售员若事先把潜在顾客进行合理的分析归类，可以使销售活动的效率提高 30％。

在实施销售期间，对潜在的顾客和用户的分析归类应建立在调查研究的基础上。依据销售人员掌握的市场信息，通常可以将潜在顾客分为三类：第一类是有明显的购买意图，而且有购买能力的潜在顾客；第二类是有购买动机与购买需求，最终会购买的潜在顾客；第三类则是对于是否购买尚有疑虑的潜在顾客。经过分类归纳，销售人员应把自己的工作重点放在第一类和第二类潜在顾客身上。

第二，对已有顾客进行深入分析，从而确定灵活的销售策略和可行的销售方法

这项工作需要销售人员对现在已有业务往来的顾客进行全面分析，深入考察，研究为什么有些商品会受到顾客的欢迎，购买这些商品的顾客属于哪个层次的人群，他们的收入水平和购买能力怎样，购买方式和特点又怎样。在研究得出这些详尽资料与可靠数据之后，销售人员便可

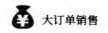

发现潜在顾客的购买需求和购买动机，从而找出成功交易的销售办法。

向老顾客销售产品并不困难，原因是销售双方已经确立了稳定的往来关系，彼此有了一定的信赖感，现在的难点是如何深入老顾客的背后，通过他们找到新的顾客。乔·吉拉德在他的自传中写道：每一个顾客背后都有 250 位你的可能顾客，你得罪他一个人也就如同得罪了 250 位顾客。反之，若你能发挥你的才智吸引一个现有的顾客，也就获得了 250 个未来的客人。通常说来，主顾之间的互相交往和联系，总是以某种共同的利益需求和共同的兴趣爱好为纽带的。有时，某一交际圈内的所有成员可能都具有某种共同的购买需求与消费动机，对销售工作来说可能是一大类顾客。以电子计算机产品的销售为例，当你了解到现有的一个用户是一家总厂，而它的分厂或协作企业如果准备从别的计算机公司进货，那么在同这家客户洽谈交易时，不妨问对方一句："你是否知道还有谁需要这类产品？"短短一句话，很可能为销售名录上增加一个新客户。所以，掌握和了解每一个现有客户的背景情况是非常重要的，它会随时给你带来销售机会，招来更多的上门顾客。

建立全面详尽的客户情报网

对于一名销售员来说，建立属于自己的客户群是至关重要的。因此你必须对自己的客户有详尽的了解，管理好你的客户名单。那么销售员应该做好哪些工作呢?

1. 建立自己的顾客信息

有一位名叫一川太郎的销售员极受顾客的喜爱。他是汽车销售员,每天早上开完早会后,他就向课长详细地报告当日行程,然后马上展开挨家访问。他的安排是中午以前会见 10 名用户,询问产品使用后的情况怎样,有时也会亲自调整汽车的零件、检查汽车机油是否无误等等。据说,他的客户都对这种关心表示好感。特别是女性用户,更是欣赏之至。

一川太郎最厉害的方法是,若无其事地推动新客户进入自己的销售网中:"太太,上次您提到一些朋友,目前情况怎么样?希望有机会帮我美言几句。"对一川太郎来说,售后访问变成了发展新客户,而当前的客户,便成为最有力的情报源。大道理是一样的,具体方法还要靠自己去探求。

有力的情报源该如何建立?情报源的选取又该依照什么样的标准?一川太郎曾一一列举:第一,过去销售成功的客户,最适合担任情报源;第二,居于情报往来最频繁的地区,如商店老板,都是理想的情报源人选。听说一川太郎对这些老板也是非常亲切,他们也乐于将情报提供给一川太郎。其他角落其实也存在着顾客信息源,像左邻右舍、街道干部、托儿所的阿姨以及街头巷尾的老太太们,也都是有分量的顾客信息源。这些人在地区上都具有发言权,甚至还能影响当地舆论,因此要笼络他

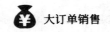

们，成为自己销售的伙伴。

在公司方面，一川太郎是以私人关系建立人缘的。首先，他会找同校毕业的校友为他铺路；其次，再与同乡会的人搭上关系，有劳他们在各公司宣传。另外，如朋友聚会与其他种种餐会，也是攻略要地，只是彼此陌生，必须随时顾及对方的感受，且不要忘记说声"请多关照"。

一川太郎的顾客信息源中，不乏社会上的名流之士，也有不少是各界重量级人物。在与这些人联络感情时，绝不能出现笨拙的小动作，毕竟他们都深具洞察力的眼光，一旦被他们看不起，就没有回旋的可能。因此要以大方、诚恳的态度去面对他们。

总之，顾客信息源是建立在人与人之间的交往中，因为是像蜘蛛网般的线路，所以不能经常地整理。最好是在客户生日时寄张小卡片或小礼物，随之附上一张名片即可。

一名销售员对于准客户的调查，不必考虑太多，也不可犹豫不决，机会稍纵即逝，因此必须立即行动，抓住机会。只有不断寻找机会的人，才能够及时把握住机会。

一位优秀的销售员能与销售融为一体，时刻都在想着怎样进行销售，从不放过任何一个机会来收集有助于进行销售工作的信息。

一个杰出的销售员，不但是一个好的调查员，还必须是一个优秀的新闻记者。他在与准客户见面之前，对准客户一定要了如指掌，以便在见面时，能够流利地述说准客户的职业、子女、家庭状况，甚至他本人的故事。这样两人有共同话题及见解，很快就能拉近彼此的距离。

准客户卡是销售作战的最重要资料，因此都被视之为"极机密"的档案。

2. 建立准客户卡

原田一郎进入明治保险公司，整整工作了 30 年。

原田一郎平均每个月用 1000 张名片，30 年下来，他累积的准客户已达 2.8 万个以上。他把这些准客户依照成交的可能性，从 A 到 F 分级归类，建立了准客户卡。

"A"级是在投保边缘的准客户。这一级的准客户，只要经他劝说，随时都可能来投保。

一个准客户要从"F"级晋升到"A"级，虽然偶尔也有只见过一次面的，在原田一郎充分的事前调查工作基础上，一拍即合，但大多数都还是历经数月或数年，一级一级爬升上来的。

"B"级是由于某种因素不能马上投保的准客户。这一级的准客户，只要稍待时日，会晋升至"A"级。

"C"级的准客户与"A"级的相同，原来都属随时会投保的准客户，但因健康上的原因，目前被公司拒保。

"D"级的准客户健康没问题，不过经济状况不太稳定。由于人寿保险属长期性质的契约，保费须长期缴纳，若收入不稳定，要长期支付保费就成问题了。这类准客户则有待他们的经济状况改善后再行动。

总而言之，从"A"级到"D"级准客户的共同点是，对保险制度有充分的了解，他们也都有投保的需要和意愿。原田一郎只不过就彼此间的不同点，加以分门别类，以便于自己可以随时分析与辨认。

原田一郎从事了 30 年的保险销售工作，从来不勉强准客户投保。若忽视了这一点，而用种种软硬兼施的方法，勉强准客户投保的话，将会产生许多中途解约的后遗症，这是得不偿失的。做到这一点尤为重要。

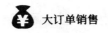

身为保险销售员，最高兴的事莫过于准客户主动说：喂！你来得正好，我左思右想，还是决定投保了。

设法使准客户对商品有正确认识之后，再诱导他们自发前来购买，这是销售员的任务。

"E"级的准客户对保险的认识还不够，销售员与准客户之间还有一段距离。这表示销售员的努力不足，还须再下功夫进行深入了解。

"F"级的准客户包括两种：第一种是在1年之内很难升等级者；第二种是仅止于调查阶段。

针对第一种"F"级准客户，只得根据实际状况，再做调查，或继续拜访，以求能逐渐晋升等级。

至于第二种"F"级准客户，他们很可能富有、健康，但因为还在进行调查工作，因此尚未正式访问。这些人很可能在面谈之后，立即晋升至"A"级。

上述"A"级至"F"级的准客户，不论哪一级，只要原田一郎与他们一有接触，便会马上详细记在准客户卡上。诸如：

与准客户交往的情况：时间、地点、谈话内容、感想等。

如果不能见面，把详细原因记下。

自己为准客户所做的服务工作——记下。

自己对这次访问的意见。

原田一郎通常会根据这些准客户卡上的记录，回想当时交谈的情形，与对方的反应，然后边想边反省，并做下列两件事：

①检讨错误的内容，加以修正或补充。

②改变自己的姿态，以便于更能接近准客户。

从准客户卡上，不仅要看到准客户的全部情况，也要看出自己在这次销售中的全部记录，然后反省、检讨、修正，再拟定出下一次的销售策略。

除了上述的"A"级至"F"级的准客户之外，还有一种原田一郎自己都无法掌握其未来动向的准客户。原田一郎本打算将这些准客户归入"F"级，但因为自己的努力不够，或是他们的条件不成熟，致使无法把他们归类到"F"级。

原田一郎把这些无法归类的准客户整理成一堆，暂时束之高阁，等待时机。不过，每逢闲暇时刻，他就会取出这些准客户卡，一一仔细检查，看看过去的做法是否有遗漏或疏忽之处，以便给这些卡片以新的生命。

现代的社会是瞬息万变的，而准客户的情况也随时在变。所以我们要把握住每一个变化契机，然后进行最有利的行动。

原田一郎说："我的每一张准客户卡都是有血有肉、有生命的。它经过多次的记录与检查后，已成为我的知己，陪伴我度过无数的岁月。在一张张卡片上，我看到了自己成长的足迹。"

建立一个详尽的顾客名单，并给顾客分类是一项很重要的工作，这样会方便了解自己的客户资源，并能牢牢地掌握住与他们沟通的方式。

通过"客户俱乐部"不断挖掘新客户

为了更好地联络客户、抓住客户，我们不妨试着打造一个"客户俱

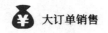

乐部"。就是说把我们所有的客户都紧密地联系起来，并通过第三者的介绍，结识更多的客户。

麦克是纽约联合保险公司的一名顶尖级销售员，他在从事这一行业的时候，就十分注意利用这种与客户的信任关系以及信任转移。

他刚到公司的时候，做的第一件事和大多数人一样，是挨家挨户的陌生拜访。每天一早，他就带着一些宣传单，挨街地发放、拜访。而他不是被关在门外，就是被当面拒绝。那时候，他并不了解人们为什么这么讨厌销售员登门，但他也没有就此退缩。后来，他干脆就把陌生拜访当成是自我锻炼的机会，每次在进门前都先做个深呼吸，然后才去敲门。

在拜访的同时，麦克也会做一些市场调查来了解人们对保险的认识。他遵照将拜访式销售作为商品销售的原点，从最基本的市场调查开始的原则，从住家到店铺，甚至从学校到警察局，他几乎跑遍了全纽约。后来，他决定从一个行业开始入手，他发现医院是一个很有发展潜力的市场。于是，他开始扩充自己各方面的知识，以便同医生们建立共同的话题。

麦克开始依照地图，去拜访纽约大大小小的医院和诊所。有一天，他正要去地铁站赶车，发现地铁站对面正好有一家医院，于是就向这家医院走去，刚到门口，就撞见一名穿白大褂的医生，麦克一时有些反应不过来，就劈头盖脸地直接对他说自己是联合保险公司的职员麦克，希望医生能投保。

医生一看他，就笑了起来，因为一看麦克就是刚刚从事保险销售，没什么经验。他觉得这个年轻人很有意思，就请他进办公室聊聊。进了办公室，麦克就十分急切地将他平日里所了解到的保险知识全盘托出，还说他已经拜访了一整天了。

医生听过之后很喜欢麦克，也看出了他是个销售新手，就对他说出了心里话。他说保险实在很高深，他已经投了五六份保险了，每次销售员都会说得天花乱坠，但事后就一问三不知。医生还拿了自己的两份保单给麦克看，就是给他当作学习的材料，拿回去评估。

麦克拿了保单，充当了医生的家人，分别拜访了医生投保的两家公司，以确认保单内容。

然后详细地做了笔记，图文并茂，并标注了重点。几天以后，麦克再次去拜访那位医生，医生和他的会计师在看了笔记后都极力称赞他这份评估报告做得好。医生就正式请麦克重新为他规划现有的几份保单。于是，麦克就根据医生的要求做了调整，医生十分满意，还与他签下了一份 3000 美元的保单。

后来，这位医生又把麦克介绍给了其他的医生。他们也都让麦克为他们现有的保单进行评估，并与麦克签下了数额不等的保单。通过这样的层层介绍，麦克从一个医师团体被介绍到另一个医师团体，他也终于在公司职员中成了医师客户占有率最高的销售员。

麦克在进入公司的第二年，就顺利地成了销售冠军。接着，他又开始拓展其他行业中的业务量，最后建立了很大的一张客户网。

可见，通过第三者的介绍是一条寻找客户的捷径。第三者介绍的主要方式是信函介绍、电话介绍、当面介绍等。接触时，我们只需交给客户一张便条、一封信、一张介绍卡或一张介绍人名片，或者只要介绍人的一句话或一个电话，便可以轻松地接近客户。

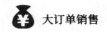

当然，介绍人与客户之间的关系越密切，介绍的作用就越大，我们也就越容易达到接近客户的目的。介绍人向客户推荐的方式和内容，对接近客户甚至商品成交都有直接的影响。因此，我们应该设法与客户搞好关系，尽量争取有关人士的介绍和推荐。但是，我们还必须尊重有关人士的意愿，切不可勉为其难，更不能招摇撞骗。

当然，第三者介绍接近法也有一些局限性。由于第三者介绍，我们很快就能来到客户身边，第一次见面就成了熟人，客户几乎无法拒绝我们的接近。这种接近法是比较省力和容易奏效的，但绝不可滥用。因为客户出于盛情难却而接见你，并不一定真正对你销售的产品感兴趣，甚至完全不予以注意，只是表面应付而已。另外，对于某一位特定的客户来说，第三者介绍法只能使用一次。如果我们希望再次接近同一位客户，就必须充分发挥自己的交际能力。

也就是说，我们要想成为卓越的销售员，就必须随时考虑各种策略，不断努力。如果你的表现让你的客户觉得你很有敬业精神，可能产生这样的效果：即便你不积极寻找第三者帮忙，客户也会自动上门。能够做到这点的绝对是一个顶尖的销售员。

如果你的老客户对你抱有好感，就会为你带来新的客户。他会介绍自己的朋友来找你。但是这一切的前提是你用自己的魅力确确实实地感染了他。而且你们之间已建立起一种信任的关系，也许是那种由于多次合作而产生的信任关系，但不一定是朋友的关系。因为总是有一些人把工作和生活分得很清楚。其实，只要你让你的老客户对你产生了这样的好感，那么他自然会对他的朋友介绍说："我经常和某个销售员合作。他很亲切而且周到，我对他很有好感。"既然是朋友的推荐，那么对方也一定会说："这样啊，那我也去试试看。"这对销售员来说，就等于是别人为你间接开辟了道路。

所以，平时要不断地设法拓展自己的客户群体。当然，去争取新的客户固然很重要，但是留住老客户更加重要。只要能好好地维系和每一位老客户的关系，建立一个和谐的"客户俱乐部"，你或许能因此而增加更多的新客户。相反地，失去了一位老客户，则可能使你失去许多新客户上门的机会，所以绝对不能做得了芝麻丢了西瓜的傻事。

那么，如何建立这样一个客户群体，并使客户介绍朋友给你呢？

1. 组织团队活动

可利用一些时间，将所有客户集合组织起来，举办一些参观名胜古迹、搭车游览、聚餐、听演讲等活动，借此机会，还可以出动公司里的高层干部和客户联络感情。而客户方面，大家虽然未碰过面，但既处于和该公司如此亲密的关系之下，彼此之间就较容易沟通。如果有的客户相互之间已经认识，这样使他们又聚在一起，他们也会很高兴。这样，将有助于客户对公司形象的塑造，使公司形象成为他们津津乐道的事，从而吸引更多的客户。

当然，还可重复举办这种集体化的活动，甚至，可借此成立某某会、某某团，使客户成为该团的成员，公司则以贵宾之礼相待之。

但需要注意的是，要选出一些重要的客户，引进贵宾服务的项目。客户们受到了特殊礼遇，就会产生感激的心理，从而更相信于你，甚至帮你去开发新客户。

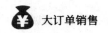
2. 与客户建立朋友关系

"朋友好说话。"如果我们与客户成了知心朋友，那么他将会对你无所顾忌地高谈阔论。这种高谈阔论中，有他的失意、有他的失落，同时也有他的喜悦，这时你都应当和他一起分享。他可能会和你一起谈他的朋友、他的客户，甚至让你去找他们或者帮你电话预约，这样你将又有新的客户出现。

同时，当你在和他谈不愉快的事时，特别是工作上的困难时，他很可能会主动地帮助你，介绍新的客户与你认识或者帮你直接把生意做成，使之成为你永久性的客户。

3. "客户俱乐部"成员要及时更新

客户俱乐部成员是经常变化的，所以必须不断更新，使这一"俱乐部"始终保持一定的活力，这就需要我们做出合理的取舍。

在做合理取舍的同时，我们必须不断地补充进更加新鲜的血液，在已有的客户中挖掘客户，在挖掘出的客户中再挖掘客户，这是所有销售高手都擅长做的，同时也是其感受最深的。在这一过程中，你必须善于抓住有挖掘潜力的客户，要善于抓住客户中的权威者。

维系好客户关系对一个销售员来说是非常重要的，如果你能建立起一个"客户俱乐部"，并能使它良好运作，你就会发现自己的业绩在不断攀升。

需要注意的是，有些客户讨厌这种接近方式，他们不愿意别人利用自己的友谊和感情做交易，如果我们贸然使用此法，会弄巧成拙，不好下台，一旦惹恼了客户，再好的生意也可能落空。

》 第 5 讲
吸引：怎样与客户建立牢固关系 》

初次销售，关键是如何引起客户的注意，接着让他产生兴趣，这个吸引力就是你给客户的第一印象，它是整个洽谈过程的导线。一个好的开端是销售成功的基础。

穿透力：一开口就把客户吸引住

在销售活动中，我们与客户初次见面时，给予对方的第一印象最为关键。我们原本是萍水相逢的陌生人，要想在短时间内消除彼此之间的陌生感、拉近彼此之间的距离，就看你能不能说好"第一句话"。在与客户的交谈中，这第一句话也就是你的开场白。可以说，说好了开场白，你也就拥有了一把打开客户心扉的钥匙。

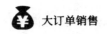

　　某报社往全国各地寄发了大量订阅单，预约期到了，可收回率却很低，于是他们又重新进行了一次全国性征订。这次在征订单上画了一幅漫画：（上面画着的是）负责订阅的小姐因为没有收到订阅的回音，正在伤心地哭泣。

　　这种销售可以说是高级的强迫销售，不但不会使客户反感，而且收效很好，就在于它的含蓄和幽默。

　　幽默的人能够很容易地打开他人的心扉，不但容易打动异性的心，也容易打动客户的心。因此幽默的个性能造就出情场高手，也能造就出商场高手。

　　幽默的语言有时能使局促、尴尬的销售场面变得轻松和缓，使人马上解除拘谨不安，它还能调解小小的矛盾。老舍先生曾经举过一个例子：一个小孩看到一个陌生人，长着一只很大的鼻子，马上便叫出来"大鼻子！"如果这位先生没有幽默感，就会觉得不高兴，而孩子的父母也会感到难为情。结果陌生人幽默地说："就叫我大鼻子叔叔吧！"这就使大家一笑了之。当然，幽默只是手段，并不是目的，不能强求幽默，否则很容易弄巧成拙。

　　朋友小赵在销售时，就使用了这样的幽默，结果恰到好处：

　　"您好！我是××公司的赵俊凯。"

　　"喔……"

　　对方端详他的名片有一阵子后，慢条斯理地抬头说：

　　"两三天前曾来过一个某某公司的销售员，他话还没讲完，就被我赶走了。我是不会买你的商品的，所以你多说也无益，我看你还是快走吧，以免浪费你的时间，同时也浪费我的时间。"

此人既干脆又够意思，他考虑得真周到，还要替小赵节省时间。

"真谢谢您的关心，您听完我的介绍之后，如果不满意的话，我拿头撞豆腐自杀。不管怎么样，请您抽点时间给我吧！"

小赵故意装得一本正经的样子，对方听了忍不住哈哈大笑说：

"哈哈哈，你真的要拿头撞豆腐吗？"

"不错，就像这样一头撞下去……"

小赵一边说着，一边比画着。

"好吧，你等着瞧吧！我非要你撞豆腐不可。"

"看来，我非要用心介绍不可啦！"

话说到此，小赵脸上的表情突然从"正经"变为"鬼脸"，于是，准客户不由自主地和他一起大笑。

上面这个实例的重点，其实就在设法逗准客户笑。只要你能够创造出与准客户一起笑的场面，就突破了第一道难关，并且可以拉近彼此间的距离。

下面，我们再为大家介绍几种颇具特色的开场白，相信只要你能灵活掌握、灵活运用，就一定能够在与客户的交谈中收到立竿见影的奇效。

1. 攀亲认友

一般来说，对任何一个素不相识的人，只要事前做一番认真的调查研究，你都可以找到或明或隐、或近或远的亲友关系。而当你在与客户

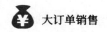

首次见面时，如果能够及时拉上这层关系，就能使对方产生亲切感，一下子缩短双方之间的距离。

三国时代的鲁肃就是一位攀亲认友的能手。他跟诸葛亮初次见面时的第一句话就是："我是你哥哥诸葛瑾的好朋友。"这一句话就使交谈双方心心相印，为孙权跟刘备结盟共同抗击曹操打好了基础。

美国里根总统访问上海复旦大学时，在一间大教室里，面对一百多位初次见面的复旦学生，里根总统的开场白就紧紧抓住彼此之间还算"亲近"的关系："其实，我和你们学校有着密切的关系。你们的谢希德校长同我的夫人南希，还是美国史密斯学院的校友呢。照此看来，我和各位自然也就都是朋友了！"此话一出，全场鼓掌。

短短的两句话就使一百多位黑发黄肤的中国大学生把这位碧眼高鼻的"洋"总统当成了十分亲近的朋友。接下去的课程自然十分顺利，气氛极为融洽。你看，里根总统这段开场白设计得多么巧妙！

2. 扬长避短

人人都有长处，也都有短处。一般来说，人们都希望别人多谈自己的长处，不希望别人谈论自己的短处，这是人之常情。与客户交谈时，如果我们以直接或间接赞扬对方的长处作为开场白，就必然会使对方感到高兴，并由此对你产生好感，双方交谈的积极性也就可以得到极大的激发。反之，如果我们有意无意提及对方的短处，客户的自尊心就会因此受到伤害，就会感到扫兴，感到"话不投机半句多"。

日本作家多湖辉所著的《语言心理战》一书中记述了这样一件趣事：被誉为"销售权威"的霍依拉先生的交际诀窍是：初次交谈一定要扬人之长、避人之短。有一回，为了替报社拉广告，他去拜访梅伊百货公司的总经理。一番寒暄之后，霍依拉突然发问："您是在哪儿学会开飞机的？总经理能开飞机可真不简单啊。"话音刚落，总经理兴奋异常，谈兴勃发，广告之事自然不在话下，霍依拉还被总经理热情地邀请去乘他的自备飞机呢！

3. 表达友情

用三言两语恰到好处地表达你对客户的友好，或肯定其成就，或赞扬其品质，或同情其处境，或安慰其不幸，就会顷刻间温暖对方的心田，使对方油然而生一见如故、欣逢知己的感觉。

初次见面时交谈可以达到这种程度，与从未见过面者电话交谈时适当地表情达意同样能使对方感动不已。

美国艾奥瓦州的文波特市，有一个极具人情味的服务项目——全天候电话聊天。每个月有近两百名孤独寂寞者使用这个电话。主持这个项目的专家们最得人心的是第一句话："今天我也和你一样感到孤独、寂寞、凄凉。"这句话表达的是对孤独寂寞者的充分理解之情，因而产生了强烈的共鸣作用，难怪许多人听后都愿意把自己的知心话向主持人倾诉。

4. 添趣助兴

其实，用风趣活泼的三言两语完全可以扫除客户的防卫心理，达到活跃气氛、增添对方交谈兴致的目的。

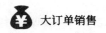

要用三言两语就惹人喜爱、使人感觉一见如故，关键的功夫要花在见面交谈之前。在上面所讲的事例中，人们之所以能获得成功，除了拥有高超的语言技巧之外，无一不是在见陌生人之前就早已了解他的大概情况。

美国前总统富兰克林·罗斯福跟任何一位来访者交谈，不管是牧童还是教授，不管是经理还是政客，他都能用三言两语赢得对方的好感。他的秘诀就是：在接见来访者的前一晚，必定花费一定的时间去了解来访者的基本情况，特别是来访者最感兴趣的题目。这样，在见面交谈时就能做到有的放矢。

作为一个志在成功的销售员，我们应切记、切记——一定要为自己精心设计一份开场白。说好它，你就能够赢得客户的好感，迅速拉近彼此之间的距离，甚至让他对你产生一见如故的感觉；说好它，就相当于为双方进一步的交往和交流开了个好头。

亲和力：你与客户的最佳连接点

在与客户的交往过程中，具有亲和力的销售员总是能占较多的便宜。亲和力的建立，就是通过某种方法，让客户依赖你、喜欢你、接受你。当客户对你产生依赖、喜欢的时候，自然也会比较容易接受和喜欢你的产品。

亲和力的建立同一个人自信心和自我形象有绝对的关系。什么样的人最具有亲和力呢？通常，这个人要热诚，乐于助人，关心别人，具有幽默感、诚恳，值得信赖，而这些人格特质跟自信心又有绝对的关系。

世界上成功的销售员都是最具有亲和力、最容易跟客户建立良好关系、交上最好朋友的人。至于那些失败的销售员，因为他们自信心低落、自我价值和自我形象低落，所以他们不喜欢自己，他们讨厌自己，当然从他们的眼中看待别人的时候，就很容易看到别人的缺点，也很容易挑剔别人的毛病。他们容易讨厌别人，挑剔别人，不接受别人，自然而然的他们也就没有办法很容易与他人建立起良好的友谊。这些人缺乏亲和力，因为他们常常看他们的客户不顺眼，他们常常看这个世界、看许多人都不顺眼，他们的亲和力低落，因为他们的自信心和自我价值低落，自然他们的业绩也就比较低落。

在销售行业中，所谓的"客户转介绍法"之所以会非常有效，关键就在于销售员以潜在客户的某位朋友介绍的名义去拜访一位新客户。在这种情况下，这位新客户要想拒绝销售员是比较困难的，因为他如果这样做就等于拒绝了他的朋友。当你以这种名义去拜访一位潜在新客户时，你已经在一开始就获得了50%的成功机会，因为，你们之间已经存在着某种程度的亲和力了。

销售大师乔·吉拉德就是使用这种亲和力法则而使自己成了顶尖的汽车销售员，并赚取了大量的财富。

他和客户建立亲和力的方法，表面上看起来好像很傻而且挺费钱，因为每个月他都给至少13000个老主顾寄去一张问候卡片。而且每个月

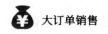

的问候卡片内容都在变化。但是问候卡正面打印的信息却从未变过，那就是"我喜欢你"。"我喜欢你"这四个字每个月都印在卡片上传递给了13000个客户。

或许有人会怀疑这种方法的有效性，但是乔·吉拉德已经用他的业绩证明了这一点：受他人欢迎，具有亲和力的销售员，才能成为销售高手。

卡耐基曾说过："人类最终、最深切的渴望就是做个重要人物的感觉。"这也就是为什么多数人喜欢听奉承话的道理。即使他们知道这些奉承话明明是假的，也仍然百听不厌。

人与人之间的相处，首先必须找出彼此间的"共同点"。人们喜欢同和自己具有相似之处的人交往。不论这种相似性指个人见解、性格特质、嗜好还是生活习惯、穿着谈吐等等。越和我们相似的人，彼此之间的亲和力就越高，所谓的物以类聚就是这个道理。

当相似之处越多时，彼此就越能接纳和欣赏对方。你喜欢跟哪种人交往？你会不会喜欢结交事事与你唱反调，想法和兴趣都和你迥异的人呢？相信不会。你应该会喜欢结交同你个性、观念或志趣相投的人。你们有共同的话题，对事物有相同的看法和观点，或是有相似的生活环境及背景，不论如何，你们或多或少有某些相似之处。沟通也是如此，彼此之间的共同点越多就越容易沟通。

你是否有过这种体验，你曾经碰到过一个人，你和他接触交谈虽没有多久，但却有那种和他一见如故、相见恨晚的感觉，你莫名其妙地就对他有一种依赖感和好感。不论你是否有过这种体验，问题是，你是否希望自己是那种不论谁见了你，只要和你相处十几分钟或半个小时，他们就会对你产生依赖和好感，觉得和你一见如故，让你走到哪里都是一个受人喜爱和欢迎的人？

利用这种物以类聚的原理来增进彼此间的亲和力的另一种方法是找出及强调我们与客户之间的类似经历、行为或想法。

举例来说，在销售产品时，销售员应该多注意客户的一些小细节并且多和客户交谈，找出任何可能与他有相似性的地方。比如说你发现客户戴了一条特别的项链，而你也刚好有条一样或相似的项链，你就可以问她这条项链是在哪里买的，称赞她的项链，并且告诉她你也有一条同样的；可以注意听客户的口音，询问他的家乡，同时告诉他你的某个家人或亲戚也住在那儿。

总之，通过我们敏锐的观察力及与他人相处的热诚，就可以达成良好亲和力的建立。

这些相似之处越琐碎越能发挥作用。一位曾经研究过保险公司销售业绩报告的研究员发现：当销售员的年龄、思想、价值观、背景、某些嗜好或习惯等等与客户相似时，这个客户就比较乐意买保险。因为这些微小的相似之处可以产生更强的亲和力。

信誉度：客户与你签订单的前提

守信历来是人类道德的重要组成部分，即俗话说的"一言既出，驷

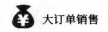

马难追"。在销售活动中，守信是居于举足轻重地位的。守信就是要求销售人员在市场营销活动中要讲究信用。在当今竞争日益激烈的市场条件下，信誉已成为竞争的一种重要手段。信誉是指信用和声誉，它是在长时间的商品交换过程中形成的一种信赖关系。在当今的竞争中，谁赢得了信誉，谁就会在竞争中立于不败之地。谁损害了自己的信誉，谁就终将被市场所淘汰。

据说有这样一位销售员，他每次登门销售总是随身带着闹钟，商谈一开始，他便说："我打扰您10分钟。"然后将闹钟调到10分钟的时间，时间一到闹钟便自动发出声响，这时他便起身告辞："对不起，10分钟到了，我该告辞了。"如果双方商谈顺利，对方会建议继续谈下去，那么，他便说："那好，我再打扰您10分钟。"于是闹钟又调到了10分钟。

大部分客户第一次听到闹钟的声音，很是惊讶，他便和气地解释："对不起，是闹钟声，我说好只打扰您10分钟的，现在时间到了。"客户对此举的反应因人而异，绝大部分人说："喂，你这人真守信。"也有人会说："咳，你这人真死脑筋，再谈会儿吧！"

在销售时，销售员最重要的是要赢得客户的信赖，但无论采用何种方法，都得从一些微不足道的小事做起，守时只是其中一个小例子。

在客户的心目中往往会有一种非常明确的既定认识：能够对自己严格要求的人往往也是值得依赖的人。因此，我们必须以严格要求自己的形象去赢得客户的信赖。

对一个销售员来说，赢得客户的信任应当是永远的工作内容。然而，不管你采用什么办法来达到这个目的，都必须从一些微不足道的小事做起。

曾经有一家销售公司规定，销售员每天必须在固定的时间给公司打电话报告工作情况。对于这项规定，很多人不以为然，他们觉得受到了限制。然而，有一个销售员却严格遵守这一规定。"服从命令"是他的一贯作风。有一次，到了汇报工作的时间，他正好在与客户商谈，而且，气氛也相当好，谈判正处于高潮。他实在没机会去打公用电话，而且他也知道附近没有公用电话亭，于是他很有礼貌地对客户说："打扰一下，我能借用一下电话吗？公司规定我在这个时间应该汇报工作。"

出乎这位销售员的意料，等到这位销售员第二天到公司上班时，同事告诉他那个客户打来了电话，说他是位很难得的年轻人，从未见过像他这样遵守公司规定的销售员，并说决定同他成交。这位年轻的销售员感到非常吃惊——他原本认为这桩生意不会那么顺利。因为他觉得自己只是个刚出道的毛头小伙子，口才也不怎么样，没想到自己的一个小小的举动，却赢得了对方的心。

由此可见，我们若想成为卓越的销售员，就必须严格要求自己，严格按照计划行事，将计划变成纪律，你必定会在对方的心目中留下一个值得信赖的好印象。

赢得客户的信赖，这是我们最重要的工作。当然，不管你采取什么样的方式方法达到这一目的，都应从一举一动、一言一行中做起，有时哪怕是一件微不足道的小事，也可能使你的信誉倍增。

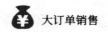

　　诚信不仅是做人的准则，也是销售的道德。从某种意义上说，向客户销售你的商品，事实上就是向客户销售你的诚实。吉拉德说："诚实是销售之本。"据美国纽约销售联谊会的统计：70％的人之所以从你那里购买产品，是因为他们喜欢你、信任你和尊敬你。所以，要使交易成功，诚实是最好的策略，不诚实的代价是惨重的。美国销售专家齐格拉对此深入分析道：一个能说会道而心术不正的人，能够说得许多人以高价购买低劣甚至无用的产品，但由此产生的却是三个损失：客户损失了钱，也多少丧失了对他的信任感；销售员不但损失了自重精神，还可能因这笔一时的收益而失去了整个成功的销售生涯；以整个销售来说，损失的是声誉和公众对它的信赖。所以，齐格拉强调："信任是关键。"他说："我坚信，如果你在销售工作中对客户以诚相见，那么，你的成功会容易得多、迅速得多，并且会经久不衰。只顾眼前利益往往以失去更大的、更长远的利益为代价。"

　　因此，在整个销售过程中，我们必须为客户提供优质的商品和周到的服务，使客户对你的商品产生信心并放心购买。在劝说客户购买时，一定要开诚布公地向客户介绍商品的真实情况，一定要实事求是，千万不可夸大事实，隐瞒真相，欺骗客户，那样只能是搬起石头砸自己的脚。

　　日本山一证券公司的创始人小池13岁时背井离乡，在若尾商店当小店员，20多岁时开小池商店，同时替一家保险公司当销售员。有一个时期，他销售保险很顺利，在10多天内就做成了32个单子。之后，他发现他所卖的保险比别的公司推出的同类型的保险要贵很多，他认为，跟他签约的客户如果知道了一定会感到难受甚至会抱怨。被人看成是冤家对头的滋味不好受，于是深感不安的小池就立即带上合约和定金，整整花了 3 天时间挨家挨户去找客户。然后老老实实跟他们说明，他所卖的保险保费比别人的价格贵，但贵也有贵的理由，他把贵的内容详细地讲解了一遍，最后让客户对比理性做出决策。是解除契约还是继续合作。这种诚实的做法使每一位保户都深为感动。结果，32 位客户中没有一个跟小池解约，同时还加深了对小池的信赖和敬佩。

所以说，作为一名销售员，我们必须树立诚信观念，充分理解客户，尊重客户，处处为客户着想，与客户建立良好的合作关系，这样，你的销售生涯才会更加精彩纷呈，你的事业才可蒸蒸日上。

信赖感：由排斥到接纳的质变因素

你知道客户的信任意味着什么吗？意味着业绩、意味着成功。因此作为一名销售员，你一定要想方设法赢得客户的信任。

实践证明，如果你与客户之间并未建立任何关系，客户就不会轻易地把他的需求告诉你。换句话讲，只有你与客户之间建立了一定的关系，或者客户对你有一定的信任，才有可能把他的需求告诉你。因此，如何建立客户对你的信任，就是销售员首先要解决的问题。

建立信赖感，实际上就是使销售员与客户之间的关系由陌生变得熟

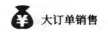

悉，由熟悉渐渐变为朋友，最终达到最高的境界——不是亲人胜似亲人。

那么客户对你的信任是怎样建立的呢？有的时候它和你的销售表现没有关系，反而和你额外做的一些小事有关。

马歇尔·沃尔特，出生于明尼苏达州的曼卡托。先后就读于曼卡托技术学校、曼卡托商业大学。在进入保险销售业之前，马歇尔曾是贸易公司的营销经理。1978年，45岁的马歇尔荣登美国人寿保险"第一销售员"的宝座。1980年，马歇尔正式成为美国百万圆桌协会会员。

马歇尔·沃尔特认识一位老妇人。她对任何陌生人都持有戒心，之所以同意与马歇尔·沃尔特见面纯粹是因为她的律师做了引荐。

她是一个人住，对任何一个她不认识的人都不放心。马歇尔·沃尔特在路上时，给她家里打了一个电话，抵达时又打了一个。她告诉马歇尔·沃尔特，律师还未到，不过她可以先和他谈谈。这是因为之前马歇尔·沃尔特和她说了几次话，让她放松了下来，所以，她愿意单独和马歇尔谈谈。当那位律师真正到来时，他的在场已经变得无关紧要了。

马歇尔第二次见到这位准客户时，发现她不知因为什么事情而心神不宁。原来，她申请了一部"急救电话"，这样当她有需要时，就可以随时寻求帮助。社会保障部门已经批准了她的申请，但一直没有安装。马歇尔便马上给社会保障部门打电话，当天下午就装好了这部"急救电话"，而且马歇尔一直在她家里守候到整个事情做完。

从那时起，这位客户对马歇尔言听计从——给予了他彻底的信任，因为马歇尔帮助她解决了困扰她的真正困难。现在，她相信马歇尔有能力照看她的欲求和需要。这个"额外"的帮忙好像使得马歇尔的投资建议几乎变得多余。这些投资建议是马歇尔当初出现在她面前的主要原因，虽然那时她对此并无多大兴趣。

马歇尔说："信任有许多源头。有时候，它赖以建立的物质基础和你的商业建议没有任何关系，而是因为你——作为一名销售员——做了一些额外的小事。恰恰是这点小事，可以为你带来意想不到的收获。"

得到别人如此的信任也是一份不小的荣耀。想必很多人都有这样一个体会：信任会因最奇怪的事情建立，也会被最无关紧要的事情摧毁。忠诚会带来明日的生意和高度的工作满足感。

人们购买的是对你的信任，而非产品或服务。一个销售员所拥有价值最高的东西是客户的信任。成功的销售员所做的是感情的交流，而不只是商品。

只有赢得客户的信任，才能赢得客户好的口碑，因此，作为一个销售员，你一定要努力建立客户对你的信赖感，这对销售的展开是非常重要的。

同体心：让客户感到你为他着想

销售说到底还是关于人的学问，你只有设身处地为客户着想才能让客户接受你，接受你销售的商品。

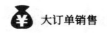

当让别人替你做那些"你要他们为你做"的事情时，你必须站在他们的立场，用他们的眼光来看待事物。

成千上万的销售员在路上奔波，他们疲惫不堪，垂头丧气，徒劳往返。为什么呢？因为他们总是只想自己所想，他们并没意识到客户有时候并不想买任何东西。每个人都一如既往地对解决自己的问题感兴趣。如果我们能向客户表明，我们的服务或商品将如何帮助他们解决问题的话，我们就不必向客户费尽心机地销售了，客户自己会去买的。因为客户们喜欢这样的感觉——他们是在买东西，而不是被卖东西。

然而，许多销售员花了毕生时间销售商品，却从来不曾从客户的角度看待事物。路德说："我在森林山街住了许多年，有一天当我赶往汽车站时，偶然碰到一位不动产经纪人，他多年来一直在这一带买卖房产。他很了解森林山街的情况，因此我急切地询问他——我那幢房子的建筑材料是金属板条还是混凝土预制板。他说他不知道，并且告诉我可以给森林山街园林协会打电话了解这方面的情况。第二天早上，我接到一封他写来的信。他问我是否已经了解到了我想了解的情况。按说他完全可以打个电话，用不了两分钟的时间就可以了解到此事。但他并没有这样做。他再一次告诉我说，我自己可以打个电话去了解。"

他对于帮助路德并不感兴趣，他感兴趣的仅仅是帮助他自己。

加利福尼亚州的卢克·布莱恩特是这样谈同一公司的两个销售员是如何处理同样类型的情况的：

"你知道的，若干年前我在一个小公司工作。在我们公司附近有一家大型保险公司的地区办事处。他们的业务是按地域划分的，因此我们这个公司被分派给两个销售员来负责，就是鲁尼和哈里。

"有一天早上，鲁尼在我们的办公室里小坐，随口提到他的公司刚刚为经理人员开设了一种新型的人寿保险，并且认为我们日后也许会感兴趣，他表示当他在这方面了解到更多的情况时会来告诉我们。

"同一天，哈里在便道上看到我们正喝完咖啡回来，他大声喊道：'嗨，卢克，我有一些重大的消息要告诉你们。'他快步走过来，非常兴奋地把他的公司为经理人员开设的人寿保险告诉我们（同鲁尼随口提到的是同一回事）。他想让我们成为第一批参保者。他就投保范围向我们提供了一些重要的情况，最后他说：'这种保险形式很有新意，我打算明天从总部叫个人专门解释一下。现在，咱们就在这儿先把申请表填一下，这样我就能在工作时有所依据。'他的热心鼓动使我们急于参加这种保险，尽管我们并不了解具体细节。后来的情况证实了哈里对这种保险的初步理解，他不仅使我们每个人都参加了保险，而且后来还把我们的投保范围扩大了一倍。

"鲁尼本来是可以做成这笔交易的。可是他没有设法激起我们参加这项保险的任何愿望。"

这个世界充满了钻营和追名逐利的人。因此，那些不大多见的无私地尽力帮助他人的人便具有巨大的优势。因为他没有竞争对手。欧文·扬，一位著名的美国律师兼大企业的巨头之一，曾经指出："那些能够设身处地为他人着想、懂得他人心理活动的人，从来不需要为前途未卜而忧心忡忡。"

要想销售出产品，就要学会为他人着想，从他人的角度看待问题。

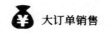

也就是说要使客户依照"你希望的那种方式"去做，就应该跟那些你想去影响的人交流意见。

那么，我们究竟要做到怎样才算是为客户着想呢？

1. 要守信，才能让客户信任

言而有信才是真君子，你要以自己的言行博得客户对你的信任，并且相信他的权益也会由于你信守诺言而得到保护。令人痛心的是，许多销售员的保证不过是一纸空文。如果书面保证在执行中受到限制，你应当提前向客户解释清楚。

2. 用证据来证明卖点的真实

你的销售卖点必须有事实根据，让人听起来有理有据。如果过分地夸耀你的商品，就会使人难以置信，或者使客户无法核实你说的话是否准确。即使你说的完全是事实，也会使客户产生怀疑。

因此，任何时候都应当拿出充足的证据来证实你的卖点的真实性。无论如何，直截了当地向我们提出质疑的客户毕竟是少数。许多销售员之所以没有获得客户的订单，其原因就是他们过高地估计了客户对其商品的信任程度，过低地估计了向客户提供证据的必要性。客户购买你的商品是要付钱的，他们不会，也不能随随便便地浪费自己的金钱购买你的东西。因此，销售商品时我们一定要拿出充足的证据来证明你卖点的真实性。

3. 接受客户的意见

拒绝接受客户的反对意见，会使你的整个销售工作毁于一旦。因为，如果你对客户的反对意见置之不理，当你反驳客户提出的即使是毫无根据的反对意见时，客户也不会相信你。有时候，销售员企图对客户的反对意见——加以驳斥，这说明他自己存在着一种害怕心理。因为他觉得对反对意见不加以反驳就可能丧失成交的机会，销售员之所以向客户证明他的产品绝对可靠，其唯一目的就是表明他的一切努力都是为自己辩护，并证明他是正确的。因为对于客户来说，任何一种商品都有其固有的长处和短处，只有在它的长处大于短处时，客户才会做出购买决定。另外，固执的销售员往往也会使客户变得固执起来。

尽量坦率地承认缺点吧，客户不仅不会对你的商品失去信心，反而会认为你这个人诚实可靠，是为自己着想，因而可能同你达成交易。

4. 别总销售高价商品

并不是每个客户都买得起所谓的奢侈品，买得起的客户也并不是只需要和永远需要这些。比如普通的客户不会需要大型、高精密度的和每秒运转速度达 10 亿次的电子计算机，他也不一定买得起这样的计算机。你向他销售这种计算机只是给客户造成了不必要的负担和损失。

为客户着想，总的来说是不要总向他们销售过于昂贵的华而不实的商品。如果你对此不注意、不重视，客户就会怀疑你的销售动机，就会认为你之所以这样做完全是为了增加个人收入。在同时向客户销售几种商品的情况下，不要一开口就介绍你的高端产品。但是，如果你从蛛丝马迹中发现客户确实需要某种高端产品时，就应该不失时机地介绍给他。

此外，优秀的销售员应有远见卓识，不为某些诱惑人的交易机会所动。如果你发现客户购买你的商品完全是由于无知所致，或者客户对购

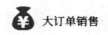

买的决定感到不满意，你应当放弃成交机会并把你的想法告诉客户。任何一位客户都会为此真诚地感谢你。你虽然会因此而失去一份订单，但却可以赢得客户的信任，使他成为你的老主顾，甚至把你当作他的参谋和朋友。

真友谊：建立生意之外的友好关系

很多销售员坚定认为，与客户谈生意是一件非常严肃的事情，不但要注意礼节，讲究说话，而且交谈的内容只能围绕生意进行。这种想法未免有些极端。事实上，那些顶尖销售员在与客户洽谈时，都会特别注意一些生意以外的东西，这些看似无关紧要的东西很多时候反而能影响到一桩生意的成败。说的明了一些，我们在面对客户时，不妨把客户当成自己的朋友，保持一种对待朋友的心态，这样彼此都不会有拘束感！

我们把客户当成自己的知心朋友，关心他们、鼓励他们，他们也同样会友善地对待自己。与客户建立良好的友谊对于销售工作有着不可估量的作用。

丹瑞·托玛斯大学毕业后进入一家贸易公司任区域销售总裁，几年以后，建立了十分广阔的人际关系网络。而后，他便转入了保险销售的行业。正是得益于这广阔的人际关系网络，丹瑞的销售业绩直线上升，在他 32 岁的时候，正式成为了美国百万圆桌协会的会员。

丹瑞在销售中总是尽力地鼓励和关心他的客户，客户便从中感到了亲切和温馨，也把他当成好朋友。十几年来，丹瑞就因业务关系结识了上百个朋友，且大部分都保持着联系。

几年前，丹瑞去拜访一名年轻的律师巴尔，不管丹瑞怎样热情而详细地介绍他的保险产品，巴尔总是以一副冷冰冰的面孔对待他。丹瑞临走时，对他讲，他相信巴尔将来一定能成为这一行业中最出色的律师，还说以后绝不再随便来打扰他了，但是如果不介意，希望能与他保持联系。

巴尔听了以后，马上兴奋起来，问丹瑞怎么看出这一点的。丹瑞说，几个星期前听过他的一次演讲，他认为那次演讲非常精彩，这是他听过的最好的演讲之一。

这些话让巴尔听得眉飞色舞，于是丹瑞乘胜追击，不失时机地向巴尔"请教"演讲的话题，巴尔也非常兴奋地同他讲了一大堆。

最后，当丹瑞离开的时候，巴尔对他讲，希望有机会再和他一起聊聊。

几年以后，巴尔果然在旧金山开了一间自己的律师事务所，成为旧金山几位杰出的律师之一。丹瑞则一直保持着与他十分密切的来往。在这几年里，丹瑞时时不忘鼓励巴尔，并对他表示敬仰，而巴尔也总拿自己的成就来与丹瑞分享。

巴尔的生意蒸蒸日上，丹瑞卖给他的保险也在不断地增长，他们的友谊也不断加深。丹瑞还通过巴尔认识了许多社会名流，储备了更多的潜在客户资源。

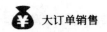

其实，人人都渴望他人的信任与支持。如果你真诚地祝愿别人事业成功，恐怕没有人会不喜欢，他们还会很感谢你。

亚伯拉罕·林肯有句话对我们赢得朋友极有帮助：

"你若想赢得朋友，首先不能让人怀疑你的真诚。你的言谈一定要表现出真诚。虽然他人在判断你的品行时会有些困难，但唯有待人以诚才能赢得信任。"

几年前，法兰克受人之托去打听一位在基拉德信托公司工作的年轻人的情况。当时，那个年轻人刚刚 20 岁出头。法兰克曾跟他做了一笔小生意，所以对他很了解。有一次，法兰克对他说："你会成为基拉德信托银行的总裁或是高层管理人。"他以为法兰克跟他开玩笑，但法兰克当时便告诉他："不要把我的话当成玩笑，我很信任你。你年轻、热情、工作业绩突出，人际关系又广，具备了一切成功必备的良好素质。没有什么会阻止你成功的。如果你有志于此，你一定会心想事成的。"

法兰克要求他加入银行的业务，并积极学习演讲。他听了法兰克的建议。有一天，公司召开员工大会，一位高层官员讲了公司面临的困难，希望员工们能提些有益的建议。

面对众人，这位年轻人谈了谈自己解决公司难题的想法。他的话充满激情，令人叹服。会议结束后，他受到许多朋友的祝贺。

第二天，年轻人被叫到办公室。那位高层官员高度称赞了他的表现，并告诉他他的部分建议已被银行采纳。

不久，这位年轻人被升为部门经理。如今，他已是另一家大银行的总裁了。

法兰克因与他有这层关系，做起保险也自然十分顺利。

鼓励和关心你的客户，使客户有一种满足感和成就感，把他们当成你的知心朋友，会对你的销售起到巨大的推动作用。

把一个客户谈成你的朋友，有时候我们会觉得这很有成就感。更何况，这个朋友或许会为你带来更多的生意，毕竟，资源共享才能越做越大。

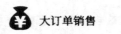

≫ 第 6 讲

救场：怎样处理销售中的突发事件 ≫

客户有时很难搞定，你会遇到很多突发状况，在遭遇尴尬时，你一定要想方设法化解客户的戾气。当然，这并不是一件容易的事情，但还是有一些经验值得借鉴。

客户态度强硬，怎样去软化

在登门拜访时，我们往往会遭到冷遇、怠慢，有时少数客户还会故意安排秘书、助手挡驾，给我们设置各种求见障碍。因此如何排除当面约见时客户的消极态度，使双方的洽谈有一个良好的开端，是摆在我们每位销售员面前的一道难题。

为此，本书特介绍几种应对技巧给大家，相信一定会对销售员们有所帮助。

1. 把握时间法

美国有一位名叫汤姆的房地产销售员，在房地产生意兴旺发达的时候，他曾参加过一次销售大奖赛。当时他已进入决赛圈，但必须再做成一笔生意才能成功。

正当他为这笔交易着急的时候，他接到了一个电话。但是无论如何，这个人也不肯把自己的名字和电话号码告诉他。这使他有点绝望了。但仍然顽强地争取。这位房地产销售员在电话中说：

"请问，我到您那儿去几分钟，见见您行不行？"

"绝对不行。"

"我能给您回电话吗？"

"我是在一个电话亭里。"

"啊，对不起，先生。我不知道您是在电话亭里。您知道您的电话亭是在哪条街上吗？"这时汤姆急于抓住任何一根救命稻草。

"我看看，我猜是在××大街的街角。不错，我就在这里。"

"请您别挂电话，等1分钟，好吗？"

××大街离汤姆的办公室不过两个街区，他放下电话，跑出去，跳上汽车，"呜"的一声开出去。汽车尖叫着急停在电话亭边，那个打电话的人正在那儿站着，把电话机举在耳边，耐心地等待着呢！

汤姆走上前去用手敲了敲玻璃窗，用手势告诉他："我来了。"

就这样，汤姆赢得了那次销售大奖赛，他使那个人为他愉快地提供了一次再好不过的机会，使他在那次大奖赛中获胜。

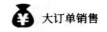

2. 坦率请求法

既然我们已和客户直接见面，只要对方点头同意，拜见的目的就达到了。这时，约见的主要任务是为正式洽谈铺平道路，激发对方的兴趣与注意，使客户认识到购买商品的重要性。因此，我们在面陈自己的请求时，不管是说话的语气还是用词，都要坦率诚挚，中肯动听，切忌与对方大声争辩。例如："我是德州艾克仪器仪表公司的销售员。今年我们公司研制开发了一种质量控制仪，专供丝绸纺织行业的厂家使用。目前全国已有200多个厂家采用，他们反映使用效果很好，可以减少次品率15％以上，并且安装简单，使用方便。所以，我很想把这种质量控制仪推荐给你们厂，现在您能抽出半小时时间，让我给您详细讲解一遍吗？"这位销售员首先将自己的身份和自己的公司介绍给客户，以使对方了解自己的用意。进而，他详细说明所推荐产品的性能、作用和功效情况，引起对方的足够关注。最后，这位销售员及时提出约见商谈的请求，可谓恰到好处，瓜熟蒂落，看得出这是一位有经验的销售员。

3. 简述大意法

采购大型的机械设备、高数额的原材料，客户通常先委托他的部属，如秘书、助理等人与我们洽谈，而不是直接与我们商谈购销意向。但顾客的部属人员常常并不是真正的买主，他们无权决定是否购买，所以我们在与接待人员洽谈时，应面带微笑，先自我介绍单位名称，除非对方追问，通常不做进一步应答，以免言多有失。接着一面强调与其上司，即真正的购买决策者面谈的必要性，一面只对自己的来意做概略陈述，而故意将重要的问题保留，待与决策者见面时再做详述。特别是在销售的一些关键问题上更应慎重，否则就很难与真正的客户相见。在这种情况下，销售员可以这样说："米琪小姐，这种机床的性能和功效大致就是这样，规格品种则由贵厂自选，至于销售价格我想还是和萨德先生见面后，我们再一起商议吧。"在提出约见请求时，这位销售员用了"我们再一起商议"的说法，当然这不是不把业务助理放在眼里，而是平等参与共同协商，因此也就不会伤害对方的自尊心，愿意安排其与上司见面的时间。另外，我们还有必要避轻就重提醒对方，让接待员知道自己无权做出购买决定，因此会马上将有关情况汇报给上级主管。一旦上司阅过资料，听完汇报，发觉尚有一些重要问题必须召请销售员当面说明，这样，约见的机会就来了。

4. 直陈利弊法

有些秘书和部属口齿伶俐、待人傲慢，往往借故推托不让我们见到客户本人，给上门拜访设置各种求见障碍，使得一些销售员的满腹希望化为乌有，特别是初次出马而经验不足的新销售员，只能放弃销售努力。遇到这种情况，我们应利用这些助手、秘书、部属的一时心虚，微笑告诫提醒对方，以达到拜见主顾的目的。当接待人员故意设卡刁难时，我们要用肯定而自信的语气告知对方："我拜见你们老总的目的，正是要设法解决贵厂生产的收录机接收性能不稳、音质嘈杂的问题，若他知道我今天来拜访他而没有见面，事后他一定会十分懊悔，甚至会怪罪于你，与其如此，不如让我亲自找他谈一谈。"对方听完这话，深知事关重大，自己负不了责任，为了避免事后担当责任，常常会立刻安排自己的上司与我们见面。有时对方精明老练，继续追问来意，而我们则可顺水推舟，辗

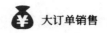

转逼近，直陈利弊得失，一方步步为营，一方节节退让，在一进一退之间，我们就能将对方心中的疑虑——冰释，达成与真正的主顾相见的目的。

另外，这里有一些拜访中的注意事项，希望大家能够有所警戒：

1. 表面上不要摆出"销售"的姿态

强调"绝不勉强客户购买"，通常，人无论自己需不需要，基于恐惧被销售的心理，第一个反应就是先拒绝了再说，因此一定要先将客户这种心理淡化处理掉。

2. 以做市场询查的措辞安抚客户的情绪

事实上的确有很多客户已购买了类似的商品，对于这类客户一定不要采取强迫销售的手法。

尤其是当客户有"被骗"感觉或者对前一位销售人员怀有不满情绪时，一定会有一吐为快的冲动，这时，他多半愿意打开门，向你发泄对某一位销售员的不满。对于客户的不满，我们一定要有不为所动的气量，并且从中寻找再销售的空间。

客户不满意，怎样变圆满

当客户出现不满情绪时，我们一定要格外注意，因为如果处理不好的话，我们很可能会因此失去客户，而且客户的这种不满情绪很可能还会影响到其他人。因此，当客户对我们的商品或者是服务表现不满时，大家一定要重视并妥善处理，使客户的心理由不满转化为满意，再到惊喜。

那么具体来讲，我们应该怎样做呢？

1. 以良好的态度应对客户的不满

处理客户不满首先要有良好的态度，然而说起来容易做起来难，它要求我们不但要有坚强的意志，还要有牺牲自我的精神去迎合对方，只有这样，才能更好地平息客户的不满。

2. 按照客户的希望处理不满

应对客户不满，要了解客户不满背后的希望是什么，这是解决客户不满的根本。表面上看，客户向销售员不满地说，他打电话要求公司处理一个简单的问题等了好几天都没回应。但深入地看，客户是在警告我们，如果我们不能给予满意的答复，他们以后不会再购买我们的商品，他们会去找另一家公司。令人遗憾的是，许多销售员只听到了表面的不满，结果因对客户的不满处理不当，白白流失了客户。

3. 积极行动化解客户的不满

客户表示不满的目的主要是让我们用实际行动来解决问题，而绝非口头上的承诺或道歉，如果客户知道你会有所行动自然放心，当然光嘴上说绝对不行，接下来你得拿出行动来。行动一定要快，这样可以让客

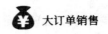
户感觉受到尊重，表示经营者解决问题的诚意，也可以防止客户的负面宣传对公司造成重大损失。

4. 在可能的情况下给客户层次高一点儿的补偿

在通常情况下，客户不满是因为经营者提供的商品或服务未能满足其需求，客户总认为他们受到了利益的损失。因此，客户不满时，往往会希望得到补偿。即使公司给了他们一点儿补偿，他们也往往会认为这是他们应当得到的，他们因而也不会感激公司。这时如果客户得到的补偿超出了他们的期望值，客户的忠诚度往往会有大幅度提高，而且他们也会到处传颂这件事，公司的美誉度也会随之上升。

另外，在具体处理客户不满时，我们首先要注意稳定客户情绪，分散客户注意力，避免冲突，大家可以试试以下这些方法：

（1）请客户坐下

当不满的客户找上门来时，大多数人会表现得十分冲动，大声斥责，甚至捶胸顿足。这个时候，你是没有办法和客户沟通的。为了使冲动的客户尽快平静下来，我们应热情招呼客户坐下来诉说不满。自己在一旁倾听、记录，郑重其事地把对方的意见记下来。

做好记录，既有助于双方建立一个友好的交流洽谈气氛，又可以使客户认为他们的意见受到了某种重视，没有必要再吵闹下去。一份完整详尽的记录，将使得我们更好地接近客户，了解客户的真实信息，沟通双方的意见，并为自己下一步更妥善地处理客户不满提供参考依据。

（2）表示出恭敬之意

友善热情地握手，给人以诚相见的印象，这是我们面见客户时应有的礼节。正确的握手姿势与力度，可以控制客户不满的情绪，起到镇定的作用，使得双方动口不动手。客户如果一时拒绝握手，我们可以借故反复多次试握，客户由于盛情难却，现场气氛会很快融洽起来。

在条件许可的场合，对不满的客人可以热情接待，以示安慰，比如敬一支香烟、泡一杯热茶、递几块糖果等。在日常生活中我们可以看到这样的情景，一批旅客预订了旅馆客房而无法马上入住，因为前面的客人刚刚退房离店，服务员正在房间整理清扫，拎着大包小袋从外地赶来的旅客在走廊上大发牢骚，怨言不断。经验丰富的经理见状，立即请客人到自己的办公室暂时休息，并给每一位泡上一杯热气腾腾的歇脚茶，受敬使人气平，受礼使人气消，在场的客人连声道谢，再多等一会儿也不会生气了。

3. 对客户表示理解

凡打算上门表示不满的客户，大多喜欢争取旁观者的支持，在公众场合抱怨发牢骚的客户也是如此，现场人越多，他们的指责越变本加厉。所以，一旦碰到年轻气盛的客人上门诉怨，我们应迅速将当事人带离现场，或到办公室，或到人群稀少的清静处商谈问题，切莫在公众面前与之争辩，因为在大庭广众面前，我们纵然有十种百种理由来解释说明，客户也认为自己有理。

应急的一个办法是当面向客户表示理解之意，这是与客户联络感情的有效方式。如果不能表示完全的理解，我们至少也应该在某一点上持理解的态度，我们可以这样对客户讲："多亏了你的指点……""你当然有理由表示不满……""对这个问题我也有同感……"这样的对话往往会使怒气填膺的客户怒气消减。

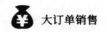

4. 拖延一会儿再解决

对于某些客户提出的抱怨，我们一时很难找到其中的真正缘由，甚至有些不满纯属虚构，我们根本无法给予圆满答案。碰到此类情况，精明的销售员大多采取拖延的办法，把眼前的纠纷搁置一旁，暂缓处理，比如答复对方："我马上去调查一下情况，明天给你回音。"

尤其是遇到冲动而性急的客户，我们不要急于马上着手处理抱怨，以免草率行事，带来负面影响。我们可以先停顿一下，先与客户谈点儿别的话题，例如天气、社会新闻、对方情况等，目的是使客户平心静气地提意见，有理智地谈问题，这种方法也能有效地对待和处置客户的不满。

在销售活动的每一个阶段，语言都占有重要的地位，在处理不满的工作中亦不例外。我们对措辞的疏忽大意，也会造成客户的抵触与对立。

比如，我们听到平时讲话中常有这样的说法："这是一个误会……""大概您搞错了吧……""事实上不是这么一回事……""我自己亲自证实一下再说……"这些说法，其实是在火上浇油，有时，为了平息客户的怨气，一些销售员采取息事宁人的做法，表面上是安抚对方，但由于用词不当，效果适得其反，比如："就是为了这么一点儿鸡毛蒜皮的小事？""没有你说的那样严重吧？"这类话语不说倒罢，一说反而会引起客户的误会，给人造成的印象是客户错了，责任在客户身上。

有时，客户的要求超出了实际界限，公司往往不愿接受这种过分的要求，如果当面表示断然拒绝，甚至流露出"对方是有意敲诈"的态度，就会导致购销双方当事人的情绪对立，最终受损失的还是卖方。所以，我们不要急于表明自己的无辜，更不能马上指出责任在客户身上，而是要细心引导，设法让客户自己找到问题的所在。

老练的销售员每每遇到客户的不满，总是会回避直接讨论退、赔等问题，而是从分析入手，逐步明了公司和客户的各自责任，剔除其中不满夸大的因素，最后得出双方都能接受的条件。事实上，客户提出的过分要求，绝大多数是因为对方不了解具体情况，而不是有意的敲竹杠。

一般来说，客户的要求并非像人们想象的那么苛刻，就已达成的协议或交易来说，退货的数量是十分有限的，不近情理的耍赖型客户毕竟属于极少数。我们应从大局出发，不妨自己吃一点儿小亏，退一步是为了进两步，接受客户提出的合理要求。这些如果你处理得好的话，不但可以留住客户，甚至还可以提高你的声誉。

客户抱怨，怎样处理才妥善

每个销售员几乎都遇到过客户抱怨的情况，销售专家认为，对客户的抱怨应该持欢迎态度，谨慎处事。

欢迎客户的抱怨是销售过程中我们必须持有的态度，在日本销售界被誉为"经营之神"的松下幸之助先生认为，对于客户的抱怨不但不能厌烦，反而要表示欢迎。他曾经告诫部属：

"客户肯上门来投诉，其实对企业而言实在是一次难得的纠正自身失误的好机会。有许多客户每逢买了次品或碰到不良服务时，因怕麻烦或不好意思而不来投诉，但坏印象、坏名声却永远留在他们的心中。

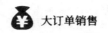

"因此，对待有抱怨的客户一定要以礼相待，耐心听取对方的意见，并尽量使他们满意而归。即使碰到爱挑剔的客户，也要婉转忍让，至少要在心理上给这样的客户一种如愿以偿的感觉，如有可能，销售员尽量在少受损失的前提下满足他们提出的一些要求。假若能使鸡蛋里面挑骨头的客户也满意而归，那么你将受益无穷，因为他们中有人会给你做义务宣传员和义务销售员。"

松下幸之助还曾对部属讲到这样一件事：有位大学的教授寄信给他，说该校电子研究所购买的松下公司产品出现使用故障。接到投诉信的当天，松下幸之助立即让生产这种产品的部门最高负责人去学校了解情况。经过厂方诚心诚意的说服与妥善的处理工作，使研究人员怒气顿消，对方还进一步为松下公司推荐其他用户和订货单位。

要知道，抱怨对销售的危害性极大，它给客户以极大的心理刺激，使客户在认识上和感情上与销售员产生对抗。一个客户的抱怨可以影响到一大片客户，他的尖刻评价比广告宣传更具权威性，抱怨直接损害销售产品与销售企业的形象，威胁着我们的个人声誉，也阻碍着我们工作的深入与消费市场的拓展，所以大家对此千万不能掉以轻心。

不少销售员把客户的抱怨视为小题大做、无理取闹，这是由于他们仅仅把自己作为一个旁观者来看待。

销售专家认为，只有站在客户的立场上看待客户的抱怨，才能更好地理解客户抱怨的重要性，积极采取有效措施予以妥善处理。

当人们心中有了疙瘩，让他讲出来比让他闷在心中更好，闷在心中的意见总会不时浮现，反复刺激客户，这种心理刺激会对我们的销售工作构成消极的影响，久而久之我们会因此失去客户的信任。客户有了意见闷在心中，我们无从得知，始终蒙在鼓里，继续进行使客户不快的促销做法，这样，会得罪更多的人，届时情绪会更加对立，再试图做解释和挽回工作都属徒劳。

一般来说，客户抱怨基本上有两种性质，一种是群体性的，这是一般公司会注意的大问题。

但是对于我们个人而言，第二种性质的抱怨同样不可忽略，即个别性的客户抱怨。如果你能运用合作性、令人满意的方法解决个别客户的问题，就很可能产生一位忠实的终生客户。

假如抱怨是成交良机，那么应如何好好把握呢？首先必须尽可能使客户申诉的管道畅通。

必胜客 1990 年在圣地亚哥试营业成功之后，几年后开始启用免费电话，接受客户申诉。一有客户打电话进来，必胜客的专职人员就会认真地记录下这个申诉电话的内容。除了分辨申诉原因、客户的语调之外，专职人员还会记录导致客户抱怨的事件所发生的时间和地点，同时整理出人数的统计资料和客户的购买习惯，作为新产品及宣传活动的企划参考。

申诉中心每天利用电脑，将客户抱怨的资料传给相关的店长，而收到讯息的店长必须在 24 小时内给申诉客户回电话。这种两段式的处理，最巧妙的地方在于店长在打电话给客户之前已经知道问题所在，并做好了充分的准备。

必胜客通过申诉系统，将个别客户的抱怨变成资产，而不是仅把客户的抱怨当作店面经营不善、产品设计不良，或其他内部系统问题的先期病兆。

另一方面，必胜客还利用客户的申诉来加强与个别客户间的关系。

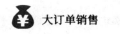

一位管理员说，这项系统的好处之一是："当客户感到意见被尊重时，自然会产生一种参与经营的感觉，无形中提高了忠诚度。"

在这里，我们为大家推荐了一些处理客户抱怨的建议，销售员们不妨参考一下：

1. 虽然客户并不总是正确的，但让客户感到自己正确往往是最有必要的，在销售洽谈中也最值得注意。

2. 要知道客户的抱怨是难以避免的，因而我们对此不必过于敏感，不应该把客户的抱怨看作是对自己的指责，要把它当作正常工作中的问题去处理。

3. 如果你拒绝接受赔偿要求，应婉转充分地说明己方的理由，让客户接受你的意见就像你向客户销售产品一样，需要耐心、细致而不能简单行事。

4. 客户不仅会因商品本身的问题而抱怨，还会因商品不适合他的需求而抱怨，我们不要总是在商品本身的优劣上打转转，要多注意客户的需求是否能得到满足。

5. 有些时候，你对客户的索赔只提供部分补偿，客户就感到满意了。在决定补偿客户的索赔之前，最好先了解一下索赔的金额，通过了解你会发现，赔偿金额通常要比原先预料的少得多。

6. 在处理客户为了维护个人声誉或突出自身形象而抱怨时要格外小心，抱怨也是一面镜子。

7. 不要局限于给客户写信，要经常深入客户，与之进行面对面的接触。处理客户的抱怨，重要的不是形式，而是实际行动与效果。

8. 任何时候我们都应当让客户有这样一种感觉：他在认真对待自己的各类抱怨，并且对这些抱怨进行调查，抓紧时间把调查结果公之于众，没有拖延耽搁。

9. 在你未证实客户说的话不真实之前，不要轻易下结论，尽量不要和客户有当面的冲突。

10. 要向客户提供各种方便，尽量做到只要客户有意见，就让他当面倾诉出来，同时发现客户一时还没有表示出来的意见和不便提出的问题。

总而言之，如果不把客户的抱怨处理好，我们就会失去客户的信任，因此你必须学会处理客户抱怨的方法，这是每一位销售员的必修课。

客户推托，怎样堵住他的借口

在销售过程中，客户总能想出一些借口，理直气壮地拒绝你的销售，而事实是，如果不掌握一些诀窍，客户的这些借口往往是很难应对的，很多销售员都每每因为客户的借口铩羽而归。因此，对销售员来说，学一些应对客户借口的技巧是非常必要的。

下面就让我们来看一下，应对客户常见借口的妙计：

客户说："我买不起"或"太贵了"、"你要价太离谱了""我不想花那么多钱"或"我在别处少花钱也能买到"等。

对于这种情况，我们不能排除客户真的买不起产品的可能。所以，

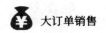

做一些试探是很有必要的。如果他说的是实话，那就可以介绍一些别的价格低一点的产品。

很多时候，当客户囊中羞涩时，他们只会想到自己买还是不买，所以，此时不必费劲解释你的产品品质多么出众。如果客户真的急需，或者认为花钱花得值的话，他们是不会提出价格异议的。

处理价格异议的方法之一，就是把费用分解、缩小，以每周、每天，甚至每小时计算。

例如，标价为 18000 美元的车，如果按月付款的话，只需 1500 美元，一年就可还清，按天计价的话，只需付 50 美元！当你说每天只需付 50 美元时，价格听起来就便宜多了，而客户也就会觉得舒服买得起了。

"库珀先生，按照每月付款方式，您只需每月支付 1500 美元，也就是说，每天还不到 50 美元。可是，想一想驾驶这辆车的无穷乐趣吧。你买得值，不是吗？"这样一来客户就会忘记他们"没钱"，而将汽车买下了。

客户还有其他一些拒绝你的理由，比如客户说："我得和我丈夫（或妻子）商量商量""我得和我的朋友讨论讨论""我要和我的会计师分析分析"等。

能够避免这种借口的最好办法就是搞清楚谁是真正的决策人或者鼓动在场的人自己做主。

例如："格林先生，我会在星期六下午两点一刻准时到您的办公室，我建议您让那位能做主的人也在场。"如果他回答："我说了就算。"那你就要赶快说："我很高兴认识一位能独立决策的人。"这样一来，客户在销售中也就无法避免要自个儿做出决定了。

这种技巧在向已婚夫妇做销售时同样起作用。"先生，您认为有必要请您的太太也在场，一起做出决定吗？"如果他说"是"，那你最好让他太太也到场。如果他说"不需要"，那你可以说："我很高兴认识一位能自主决策的人。"

乔·吉拉德最欢迎客户提出针对他的产品的具体异议，因为它能够使吉拉德集中注意什么是客户不想买的真正原因。

譬如，当吉拉德说库里只剩下双门型的车之后，客户可能故意说他只喜欢四门型的。知道了这一信息，吉拉德就可以设法把他的异议范围缩小、固定在一个点上——他不买车是因为这里没有四门型的存货。

"真可惜！洛恩，我们的四门型车已经卖空了。"吉拉德一脸沮丧地说，"我打赌，要是我们还有存货的话，您一定会当场决定买下来，对吧？"

"是的，我会。"他的脸上堆着得意轻松的假笑。

"哎呀！想起来了，洛恩。"吉拉德猛地一拍脑袋，恍然大悟似的说，"我忘了我们和本市另外四家汽车经销店还有合作协议呢。一旦谁的库存不足，就可以从别的店里补充。请给我五分钟时间，我会拿到您想要的车。您喜欢红色车，但也不排除把黑、白色作为第二选择，对吧？"说完，吉拉德不等他开口就转身跑去给别的经销店打电话调车去了。

实际上，只要心中有数，就可以应对每一个具体的借口。

客户说："我本想买，可是我没有带钱来。"

常常有客户把店里的商品翻来覆去地看上半天，你也做了大量销售工作，他却借口没有带现金、信用卡或空白支票，不肯付一笔保证金。要是花了一个小时左右的时间进行销售，而他还这样，你就不应该放他

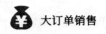

离去，因为一旦离去，他就很可能再也不回来了。人们虽然嘴上说没有带钱——实际上却不可能两手空空地回家去。

当客户说他没带钱的时候，我们怎么办呢？还是以乔·吉拉德举例。

吉拉德说："罗勃，没有问题。我和您一样，有很多次也忘了带钱。"然后，吉拉德稍微停顿一会儿，观察到客户有种脱离困境、如释重负的感觉——他带了钱！吉拉德接着说："事实上，您不需要带一分钱，因为您的承诺比世界上所有的钱都更能说明问题。"

接下来，吉拉德抓起客户的手说："就在这儿签名，行吗？"

等客户签完名，吉拉德强调说："我这个人总是愿意相信别人，我知道，您不会让我失望的。"

实际上，当吉拉德这样说时，确实很少有人会令他失望。

"当你信任好人时，好人也会向你证明他们的确值得信赖。"

销售就是和拒绝做斗争的，因此要熟练掌握应对客户所找借口的技巧，采取迂回战术，因人因事因地而异，总之一定要堵住客户的借口。

竞争对手出现，怎样从容应对

所谓"同行是冤家"，在销售中遇到竞争对手是一件很正常的事。这时我们很可能为赢得竞争而贬低对手，不过奉劝大家千万不要这样做，因为贬低对手只会让客户降低对我们的评价。

有这样一件事：

某公司董事长正打算购买一份教育保险送给儿子做高中毕业礼物。A保险公司的广告曾给他留下印象，于是他约了一位A保险公司的销售员到家中面谈。而这个销售员在整个介绍过程中却总是在说自己公司的险种如何比B保险公司强。作为董事长的他似乎发现，在这位销售员的心目中，B保险公司是最厉害的竞争对手，尽管董事长过去没有接触过B保险公司，他还是决定最好先亲自看一看再说。最后，出人意料地，他买了B保险公司的保险。

不贬低、不诽谤竞争对手是销售人员的一条铁的纪律。作为一名合格的销售人员，我们一定要记住，把别的公司说得一无是处，并不会给我们自己的业务增加一点好处。

我们除了赞扬对手之外不应当提到他们。万一客户首先说起竞争对手的情况，我们就赞扬他几句，然后转变话题："是的，他们公司很好。但现在还是看看我们的！"完全回避竞争对手，就不会导致客户再去考虑。销售圈的座右铭是："各卖各的货，井水不犯河水。"自然地把客户的需求转入到自己一方。

有时，竞争对手的声誉早已在准客户的脑子里占据了重要位置，用回避的办法难以将它驱除。这种情况下，有的客户并不愿意主动谈论他们内心偏爱的另一家公司，因为他们害怕销售人员会指出他们的偏爱有

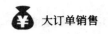

问题。所以，保持沉默便可平安无事。

这样，如果我们决心要对付竞争对手，那首先就必须设法让客户把心中喜欢的另一家公司讲出来，并听听他的看法。精明的销售人员在刚一开始谈生意时，就要探明竞争对手在客户心目中的地位。为了弄清客户都了解哪些公司和最偏爱哪一款产品，这样问："到目前为止，在您见过的所有同类公司中，您印象最好的是哪一家？"对这个问题的回答可以为洞察力很强的销售员提供大量信息。绝大部分汽车销售员都害怕跟头一次买汽车的人打交道，因为他们知道，不管你给这类客户提供多么优越的购物条件，他们仍会认为有必要货比三家看看再说。聪明的销售人员都喜欢等客户看过了其他公司的产品后再接待他们，这时，就会有成交的希望了。

毫无疑问，避免与竞争对手发生猛烈"冲撞"是明智的选择。但是，要想绝对回避他们看来也不可能。我们如果主动攻击竞争对手，将会给客户留下这样一种印象：他一定是觉得竞争对手十分厉害，难以对付。客户还会推断，他为什么会对另一个公司的敌对情绪这么大，难道是因为他在该公司手里吃过大亏。客户下一个结论就会是：如果这个公司的业务在竞争对手面前损失惨重，他的竞争对手的产品就属上乘，我应当先去那里瞧瞧。在这种情况下，我们一定要把握时机，及时促成交易。

有一次，贝吉尔去见一位准客户，这人正在考虑买 25 万美元的保险，在这同时，有 10 家保险公司提出计划，角逐竞争，尚不知鹿死谁手。

贝吉尔见到他时，对方应道："我已经请一位好朋友处理，你把资料留下，好让我比较比较哪家更便宜，更适合我。"

"我有句话要真诚地告诉您，您根本没有必要比较，现在您可以把那些计划书都丢到垃圾筒里。因为保费的计算基础都是相同的起点，任何一家都是相同的。我来这里，就是帮助您做最后的决定。以银行贷款25万美元而言，受益人当然是银行。关心您的健康，才是最重要的。不用担心，我帮您约好的医生是公认最权威的，他的体检报告每一家保险公司都接受，何况做25万美元保金的高额保险的体检，只有他够资格。"

"难道其他保险公司不能帮我安排吗？"

"当然可以，但是你可能会耽误3天，如果您患了感冒，时间一拖，保险公司甚至会考虑再等三四个月才予以承保……"

"哦！原来这件事有这么重要。贝吉尔先生，我还不晓得你究竟代表哪家保险公司？"

"我代表客户！"贝吉尔在迅雷不及掩耳的积极行动下，顺利地签下一张25万美元的高额保险，其所凭借的利器就是及时行动，快速促成。

有些机械产品的生产厂家训练自己的销售员要学会逐点逐条地把自己的产品与客户心目中比较偏爱的产品进行比较，有时他们要把每一点的比较情况分两行并列记录下来，哪一种产品占上风，就在哪边做个记号，并要求销售员在各条比较完毕之后让自己产品的那一行比竞争产品能留下更多的记号。这是一种赤膊上阵的销售方式，但有时也是必要的和有效的，特别是在对比能按公正和客观的标准进行时。

还有一个从这种方法衍生出来的方法：在一张纸中间画一条线，将其分为两部分，分别写上竞争产品和本公司产品的名称，然后在下面写上各自的价格。比如，前者为100元，后者为150元。竞争产品比较便宜，这样，销售员的任务就是设法证明自己的产品为什么要贵一些。于是他

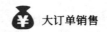

在提到自己产品的一个独有特点后便说："您看，这个特点值不值得您每年多花一块钱？这是十分保守的估计，不是吗？好吧。我们就先这么算，这个产品保准能让您用 10 年以上。我们仍按最保守的估计，就说它能用 10 年，由这一特点您便能得到 10 元的好处。"销售员就这样一个特点接一个特点地加以阐述，直至算出的额外价值大大超过那 50 元的价格差。

如果客户原来买的东西确实不好，我们就可以借题发挥，去指责竞争对手或竞争对手的销售员，由此表示他们没有把客户的利益真正放在心上，放在第一位。比如一个鞋店的销售员发现一名客户穿着一双过宽的皮鞋，便可用以下的话来赢得这位客户的信赖："卖给您这双鞋的人一定是懒得费事或不仔细。您长着一双贵族式的脚，脚面窄、脚弓高，我给您找一双适合您穿的鞋，来看看与您这双鞋有多大差别。"

在反击竞争对手的进攻或证明自己产品比竞争产品更优越时，我们还可以使用其他的方法，例如客户表扬信。比如，办公器具销售员就经常会被迫回答涉及竞争设备特点的询问，销售经理给每一个销售员配备了一个活页夹，里面塞着许多客户表扬信的复制件。当客户问道："这台复印机能与布兰公司生产的复印机一样经受得起超负荷吗？"销售员只需打开一位汽车制造商的表扬信即可给予圆满回答，那信中说："两种复印机我们同时使用了多年，现已确定全部使用贵公司的产品，因为相比之下它故障很少。"一个产品的优点最好是由有资格的局外人去说，而不是由我们自己来讲。

不管在什么情况下，都千万不要做贬低竞争对手的蠢事，这只会让我们变得更被动，我们不妨试试赞美你的竞争对手，这样做才是为自己加码。

胜局

用更少的时间拿到更多的订单

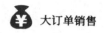

≫ 第 7 讲
步步为赢，让客户不知不觉说"是"≫

销售就是使原本不想购买的顾客产生兴趣和购买欲望，使这种兴趣和购买欲望转化为实际行动。在这个过程中，每一阶段都需要销售员把握引导原则，让顾客一步步跟上自己的思路。

相似性原则，与客户保持一致姿态

人人都是平等的，与客户进行沟通时，双方的地位也是平等的，沟通本身也应当是双向的。

基于这种原因，当你因为需要了解更多、更确切的信息而向客户提出问题时，请注意不要像检察官一样地审问客户。不要问一连串的问题；在每个问题间加上你对客户所言的反馈；聆听客户说什么，并且在进行下一个问题之前，对他们的反应做些评论。你的反馈能够构建一座桥梁，促进双向交流。

实际上，有不少销售员向客户提问时的态度是非常不恰当的，他们将每一次销售都视为对客户的挑战。因此，他们往往变得防御心很强，喜欢用一连串的逻辑问题将客户逼到"墙角"。最后，客户只好干脆地告诉他们："我不这样认为，请你走开！"相信，大家都不想遭遇这种情况吧？

那么，要避免这种情况的发生，最佳方法就是——谨记你的目标是帮助客户而非挑战客户，并记住每一次接触都会让关系变得更好或是更坏。这种"直接"式的审问法其实可以有多种替代方案，我们可以用发问获得更多的资讯。

作为一名销售员，你所从事的是与人打交道的职业。不要有防御心理，不要把赢得客户看成是挑战客户，这是人际交往最差的策略。当你变得有防御心理的时候，客户同样会防着你；只有你自己先放开，客户才会与你融洽起来——这不正是你想要的吗？

提出恰当的问题，是一种技巧，也是一种态度。要坚决避免敌对、侮辱和摆高姿态的询问。

人与人之间的沟通存在着很多形式，并非仅仅一种语言。从某种意义上来说，我们无意中的姿态透露的信息往往会超出我们的想象——这同样是一种沟通。可以说，身体语言是除了口头语言之外最重要的一种交流形式。

正因如此，我们在销售中一定要注意捕捉客户无意中通过面部表情、身体语言和其他动作所传递出来的信息。这些动作给我们提供了一种绝

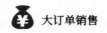

好的交流方式。但是问题的关键在于了解客户身体语言的基础上与其保持一致，这才是最终目的。

要想与客户的姿态保持一致，通常而言，我们要做好以下几点：

1. 目光接触是身体语言的重要部分，在这方面，必须加以注意。你可以通过观察确定客户与你保持目光接触的时限，然后与他保持步调一致，从而可以找到双方之间目光接触的平衡点。

2. 与客户保持协调一致。与客户保持一副相似的手势动作和身体姿态，采用相近的说话节奏。根据客户的情况要逐渐调整自己的身体姿态，使自己在姿态、手势和动作等方面与客户保持协调一致。

最后，与客户姿态保持协调还包括衣着打扮，力求使自己的打扮看起来让人感觉舒服，符合一个销售员的标准。

在这里还需要提醒大家，我们做销售千万不要有消极心理，更不要因为客户的订购量小、订购周期长而冷落了他们。这会令你永久性地失去客户的心。

用最短的时间，把注意力吸引过来

做销售工作的人比比皆是，一家稍微大一点的企业，每天甚至会有十几名销售员登门拜访。在这种情况下，客户很容易对销售员产生厌烦、抗拒心理。因此，如果想成为一名出色的销售员，我们就要运用一定的销售技巧，在最短的时间内，抓住客户的注意力。

　　某地有一位销售安全玻璃的销售员，他的业绩一直排在整个销售区域的第一名，在一次销售员大赛的颁奖大会上，主持人问："你有什么独特的方法来让你的业绩维持顶尖呢？"他说："每当我去拜访一个客户的时候，我的包里面总是放了许多截成20厘米见方的安全玻璃，我随身也带着一把铁锤子，到客户那里后我会问他，你相不相信安全玻璃？当客户说不相信的时候，我就把玻璃放在他们面前，拿锤子往玻璃上一敲，而每当这时候，许多客户都会因此而吓一跳，同时他们会发现其实玻璃真的没有碎裂开来。然后客户就会说：'天哪，太难以置信了。'这时候我就问他们：'你想买多少？'一般来说他们都会和我签约，而整个过程花费的时间还不到一分钟。"

　　颁奖大会后不久，几乎所有销售安全玻璃的销售员出去拜访客户的时候，都会随身携带安全玻璃样品以及一把小锤子。

　　但经过一段时间，他们发现这位销售员的业绩仍然排在第一名，他们觉得很奇怪。而在另一次颁奖大会上，主持人又问他："我们现在也已经做了同你一样的事情了，那么为什么你的业绩仍然能维持第一呢？"他笑一笑说："我早就知道当我上次说完这个点子之后，你们会很快地模仿，所以自那时以后我到客户那里，唯一所做的事情是把玻璃放在他们的桌上，问他们：'你相不相信安全玻璃？'当他们说不相信的时候，我就把锤子交给他们，让他们自己用力来砸这块玻璃。"

　　看来，如果我们能吸引到客户的注意力，销售的成功率就会大大提

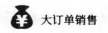

高，那么我们应该怎样做呢？

1. 在开场白上动动脑筋

为了吸引客户的注意力，在面对面的销售访问中，说好开场白是十分重要的。开场白的好坏，几乎可以决定一次销售访问的成败。换言之，好的开场白就像是销售成功的一半。大部分客户在听我们所说的第一句话时要比听后面的话认真得多。听完我们的第一句话，很多客户就自觉或不自觉地做了尽快打发我们离去还是继续谈下去的决定。因此，我们只有说好开场白，才能迅速抓住客户的注意力，并保证销售访问顺利进行下去。

销售专家们在研究销售心理时发现，洽谈中的客户在刚开始的 30 秒钟所获得的刺激信号，一般比以后十分钟里所获得的要深刻得多。在不少情况下，销售员对自己的第一句话处理得往往不够理想，有时废话甚多，根本没有什么作用。比如人们习惯用的一些与销售无关的开场白："很抱歉，打搅你了，我……"在倾听第一句话时，客户集中注意力而获得的只是一些杂乱琐碎的信息刺激，一旦开局失利，接下来的销售活动必然会困难重重。

抓住客户注意力的一个简单办法就是去掉空泛的言辞和一些多余的寒暄。为了防止客户走神或考虑其他问题，我们要在销售的开场白上多动些脑筋，开始几句话必须是十分重要而非讲不可的，表述时必须生动有力，声调略高，语速适中。讲话时目视对方双眼，面带微笑，表现出自信而谦逊、热情而自然的态度，一些销售高手认为，一开场就使客户了解自己的利益所在是吸引对方注意力的一个有效思路。比如：

"你知道每天只花几块钱就可以避免受到火灾、水灾和失窃所带来的损失吗？"保险公司销售员开口便问客户，对方一时无言回答，又表现出很想得知详细介绍的样子，销售员赶紧补上一句："你有兴趣参加我们公司的保险吗？我这儿有 20 多个险种可供选择。"

又如，某叉车厂销售员问搬运公司管理人员："你希望缩短货物搬运时间，为公司增加二成利润吗？"对方一听，马上会对上门访问的销售员表现出极大热情。

在开场白中，销售员开门见山地告诉客户，提示你可以使对方获得哪些具体利益，如："王厂长，安装这部电脑，一年内将使贵厂节约近 3 万元开支。""胡经理，我告诉你贵公司提高产品合格率的具体办法……"这样的开场白肯定能够让客户放下手头工作，倾听销售员的产品介绍。

2. 用"奇言"来吸引客户

我们上门访问时出其不意地讲一句话，往往能一下子抓住客户的注意力。

一位柜台前的销售员在卖皮鞋，他对从自己柜台前漫不经心走过的客户说了一句："先生，请当心脚下！"客户不由得停了下来，看看自己的脚面，这时销售员乘机凑上前去，对客户热情一笑："你的鞋子旧了，换一双吧！""这双鞋子式样过时了，穿着挺别扭的，我这儿有更合适的皮鞋，请试试看。"

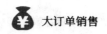

还有，一位成功的销售商与客户洽谈交易，为了吸引对方的注意，他很喜欢用这样一句话来开始介绍他所销售的产品："说真的，我一提起它，也许你会不耐烦而把我赶走的。"这时客户马上会被勾起好奇心："噢？为什么呢？说说看吧！"

不用多说，对方的注意力已经一下子集中到以下要讲的话题上了。

满足需求或解决问题正是向客户发出"奇言"的根本宗旨，如果客户在遇到困难的时候或在我们销售访问开始时就已经了解我们可以帮助他解决问题，他们就会采取比较合作的态度，乐意接受你的销售访问。

出奇言时，也要把握好时机、对象和语言的分寸，千万不要危言耸听，俏皮话也应少讲。可惜，有些销售员恰恰忘记了这一点，即使达到了唤起客户注意的目的，也没让好戏再唱下去。如有一位初学销售的年轻人在卖帽子时试图出奇言而制胜，对一个秃顶的中年人，劈头一句就是："哥们儿，瞧你这头发，稀稀拉拉地剩下几根，买一顶帽子戴上吧。"结果可想而知，他的销售努力落空了。

3. 引用旁证来唤起注意

在唤起客户注意方面，我们广泛引用旁证往往能收到很好的效果。

在香港，一家著名的保险公司销售经纪人一旦确定了销售对象，在征得该对象的好友某某先生的同意后，上门访问时他就这样对客户说："某某先生经常在我面前提到你呢！"对方肯定想知道到底说了些什么，愿意听这位经纪人讲下去。

这样，销售双方便有了进一步商讨洽谈的机会。还有一个案例也颇能说明问题。

一位销售家用小电表的促销员向客户介绍产品时，总是这样开头的："我家还有我亲戚家安装的就是这种型号的电表，可省电啦！"

无论这笔生意是否谈成，这样的宣传旁证在客户心目中都会留下很深的印象，自然会对销售的产品引起注意。

引用旁证时，我们还可以引用一些社会新闻。谈论旁证材料和社会新闻，首先应以新见长，最新消息、最新商品、最新式样、最新热点，都具有吸引人的注意的凝聚能力。

虽然这种方法不大适用于匆匆而过的客户，但对于一些老主顾，对诸如洽谈对手、办公室人员却有着相当的作用。

什么话不能说，必须心知肚明

说话本来是一件最简单的事，但很多销售新人却都因为说话不当而失去了客户。这并不是因为他们说话太多，或说话技巧不够好，而是在不该说话的时候说话，或者是说了不该说的话。

销售新人们应该牢牢记住，下面这样几类话是不能说的：

1. 包含批评的话语

一些销售新人，有时讲话不经过大脑，脱口而出伤了别人，自己还不觉得。比如说，见了客户第一句话便说，"你家可真难找！""这件衣

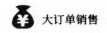

服不好看，一点都不适合你。""这个茶真难喝。"这些脱口而出的话语里包含批评。虽然你无心去批评指责客户，但客户听来却会感到不舒服。

人们常说，"好言一句三冬暖"，也就是说，人人都希望得到对方的肯定，人人都喜欢听好话。在这个世界上，又有谁愿意受人批评呢？销售员每天都是与人打交道，赞美性话语应多说，但也要注意适量，否则，让人有种虚伪造作、缺乏真诚之感。不要让客户有这样的感觉。"你说那个卖保险的，他那一套，嘴巴虽然甜得要命，可惜都是假的，这保险公司培训出来的怎么都是一个模式的人，耍嘴皮特行！"这种感觉无形中提醒我们，与客户交谈中的赞美性用语，要出自你的真心，不能不着边际地胡乱赞美。

2. 别和客户议论主观性的话题

"干什么吆喝什么"，与你销售没有什么关系的话题，你最好不要参与议论，比如政治、宗教等纯属主观意识方面的看法，无论你说的是对是错，这对于你的销售都没有什么帮助。

一些销售新人，涉及这个行业时间不长，经验不足，在与客户的交往过程中，没有主控客户话题的能力，往往是跟随客户一起去议论一些主观性的话题，最后意见产生分歧，然后在某些问题上争得面红脖子粗，但争完之后，一笔业务就这么告吹了。想想对这种主观性的话题争论，有何意义？所以，有经验的老销售员，在处理这类主观性的话题时，起先会随着客户的观点，一起展开一些议论，但议论中会适时将话题引向销售的产品上来。

3.不要卖弄专业术语

有一位销售员吴先生，从事销售寿险时间不足两个月，一见到顾客，就一个劲儿地向客户炫耀自己是保险业的专家，然后就是把一大堆专业术语塞向客户，客户个个听了都感到压力很大。当与客户见面后，吴先生又开始大肆发挥自己的专业，什么"豁免保费""费率""债权"等一大堆专业术语，让客户如坠入云雾中，不知所云，对方的反感由此产生，拒绝是顺理成章的事了，吴先生便在不知不觉中，误了商机。

4.不要太过夸口

一些销售新人往往喜欢将自己的产品夸得天花乱坠，事实上这样做是不好的。如果你夸大产品的功能，客户在日后使用产品的过程中，终究会知道你所说的话是真是假。不能因为要达到一时的销售业绩，你就夸大产品的功能和价值，这势必会埋下隐患，一旦纠纷产生，后果将不堪设想。

任何一个产品，都有其两面性，一面是好的，一面是不好的。作为销售员理应站在客观的角度，清晰地与客户分析产品的优与劣，帮助客户"货比三家"，才能让客户心服口服地接受你的产品。

5.不说咄咄逼人的话

一些销售新人常常会说出一些攻击性话语，事实上，无论是对人、对事、对物的攻击词句，都会造成准客户的反感，因为你说的时候是站在一个角度看问题，不见得每一个人都是与你站在同一个角度，你表现

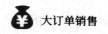

得太过于咄咄逼人，反而会适得其反，对你的销售也只能是有害无益。

6. 不要谈论隐私

与客户打交道，主要是要把握对方的需求，而不是一张口就大谈特谈对方的隐私问题，这也是销售新人常犯的一个错误。有些销售新人会说，我谈的都是自己的隐私问题，这有什么关系？就算你只谈自己的隐私问题，不去谈论别人，试问你推心置腹地把你的婚姻、财产等情况和盘托出，能对你的销售产生实质性的帮助吗？也许你还会说，如果我们与客户不谈这些，就直插主题，业务势必难以开展，所以谈谈无妨，其实，谈论隐私是毫无意义的，浪费时间不说，更浪费你的销售商机。

7. 别用质疑的口气问问题

在销售产品的过程中，你很担心准客户听不懂你所说的一切，而不断地质疑对方："您明白吗？""您知道吗？""您明白我的意思吗？"似乎以一种老师的口吻提出这些让人反感的话题。从销售心理学来讲，一直质疑客户的理解力，客户会产生不满感，这种方式往往让客户感觉得不到起码的尊重，逆反心理也会随之产生，可以说是销售中的一大忌。

8. 枯燥的话题不要讲太多

在销售中有些枯燥性的话题，也许你不得不去讲解给客户听，但这些话题可以说是人人都不爱听，甚至是一听就想打瞌睡。所以，如果一定要讲，建议你将这类话语讲得简单一些，可概括起来一带而过。这样，客户听了才不会产生倦意，如果有些相当重要的话语，非要跟你的客户讲清楚，那么不要拼命去硬塞给他们，在你讲解的过程中，换一种角度，找一些他们爱听的小故事、小笑话来活跃一下气氛，然后再回到正题上来，也许这样的效果会更佳。

作为一名销售员，千万要注意销售语言，绝对不说客户不爱听的话，因为说错话而伤害客户是一件非常愚蠢的事。

激发客户兴趣

俗话说"买卖不成话不到，话语一到卖三俏"，可见销售的关键是说服，但如果我们与客户的商谈缺少趣味性和共通性，那么销售的成效就会大打折扣。因此，作为一名销售员，我们必须懂得迎合客户的兴趣，投其所好。

兴趣是销售成功与否的关键因素。兴趣，对销售员和客户来说同等重要。没有兴趣，一切事情都无法顺利完成。因此，在销售中，激发客户的兴趣显得尤为重要。

山姆在纽约经营一家高级的面包公司，他一直想把自己的面包销售到纽约的一家大饭店里。他一连三年给饭店经理布林先生打电话，甚至会长时间住在饭店里，以求谈成生意。而不管山姆如何努力，布林先生却从未把心思放在山姆公司的产品上，山姆百思不得其解。后来，他终

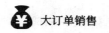

于找到了问题所在，立即将以往策略通通改变，开始去寻找布林先生感兴趣的事情。

山姆发现，布林是一个名为"美国旅馆招待者"组织的骨干成员，最近刚刚当选为主席。于是，他再次拜访布林时，就与他大谈"美国旅馆招待者"组织。布林先是有些吃惊，然后就与山姆热情地交谈起来。话题自然都是有关这个组织的。谈话结束后，布林还给了山姆一张该组织的会员证。

在这次谈话中，山姆根本就没有谈到有关面包的事。但几天之后，饭店的厨师给山姆打来电话，要求看看面包的样品和价格表……

投其所好，是销售中的重要策略，一次简单的谈话，就可以将耗时三年都没有进展的事情，轻易地解决了。

投其所好，对对方最热心的话题或事物表示出真挚的热心，巧妙地引出话题后，要多多应和，表示赞同。

乔·吉拉德对这一点也感触很深。有一次，乔·吉拉德花了将近一个小时才让客户下定决心买车，然后，乔·吉拉德所要做的只不过是让他走进自己的办公室，签下一份合约。

然而，当那位客户走进乔·吉拉德的办公室时，他开始兴致勃勃地讲起他将要进曼联球队的儿子。而乔·吉拉德心不在焉，两眼望着别处。后来，那人意识到乔·吉拉德忽视了他所讲的话，便决定不买车了。乔·吉拉德回家后苦思冥想了一整天，最后才终于明白了客户离去的原因。那是因为对方在说"儿子"时，乔·吉拉德都在念叨"车子"，他完全忽略了对方的内心所想。不过，幸亏他及早明白，经过一番努力又重新追回了客户。

从上面的例子中可以看出，激发客户的兴趣确实是成功销售的重要因素，那么激发客户兴趣的方法有哪些呢？

1. 幽默

幽默是具有智慧、教养和道德上优越感的表现。在人们的交往中，幽默更是具有许多妙不可言的功能。幽默的谈吐在销售场合是必不可少的，它能使销售中严肃紧张的气氛顿时变得轻松活泼，它能让人感受到说话人的温厚和善意，使他的观点变得容易让人接受。

幽默能活跃交往现场的气氛。在销售各方正襟危坐，言谈拘谨时，一句幽默的话往往能妙语解颐，使来宾们开怀大笑，气氛顿时会活跃起来。

幽默的语言有时可以使人立即解除拘谨不安，能使局促、尴尬的销售场面变得轻松和缓，它还能调解小小的矛盾。

幽默在销售中还被用来含蓄地拒绝对方的某种要求。美国前总统罗斯福在当海军军官时，有一次一位好友向他问及有关美国新建潜艇基地的情况，罗斯福不好正面拒绝，就问他："你能保密吗？""能！"对方答道，罗斯福笑着说："你能我也能！"对方一听也就不再问及此事了。

2. 讲故事

讲故事也是引发客户兴趣的一种方法。如果你把故事讲得很精彩，

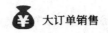

那些极其爱好探究人类问题的潜在客户也会听得津津有味。将故事讲得精彩是一门艺术。有些销售员能将故事讲得生动有趣，而另一些人的冗长乏味会烦得你要哭出来。拖沓、离奇、平淡的故事对你的生意成交起不到丝毫作用。有特色、有风趣的故事才能给我们的听众带来笑声。

3. 精彩演绎

对于成功的销售员来说，一种类似于演员的本领必不可少。很多时候，我们必须把一些平淡无奇的话变得极富感染力，这可以在很大程度上营造出欢娱的氛围。

彼德·沃克是来自纽约的很受欢迎的一位演员，他在可口可乐的广告片中名声大振。他说："关键的一点是要让你所扮演的角色有可信度、有趣味性。我那样做过后，广告中所宣传的产品就非常完美了。"

虽然销售员不是演员，但你必须朝演员的角色靠拢，这是形象的创造，是提升客户兴趣最好的途径。实际上最成功的销售员往往如同演员一样，遵循着一个共同的原则，即排演再排演。

看破客户的肢体语言，寻找相应对策

借问各位销售员一句：你过去注意过客户的肢体语言吗？请不要忽略了这个细节，客户的举手投足往往会反映出他们的内心想法，如果我们能够学会解读客户的肢体语言，那么就可以了解对方的心思与情绪，如此，我们就可以知道自己应该何时改变应对措施以及如何去改变应对措施，从而实现自己的销售目标。现在，我们就一起来解读一下那些肢体发出的语言信号。

1. 客户表示怀疑的肢体语言

下列肢体语言便是客户表示猜测与怀疑的信号：

眼睛看着天花板，或者是拉下眼镜、低着头、眼睛向上看人，好像是说："你在耍我，你认为我很好骗，是不是？"

手揉搓鼻子、摆弄胡子，或者摸后脑勺。

身体向椅背靠，两手交叉放在胸前。

皱眉、假笑或头左右大幅度地摇摆，嘴巴张得大大的，表现出一副不相信、吃惊或"一脸讽刺"的样子。

挑起眉头，眼睛往旁边看。

嘴巴微微张开，手指放在下牙齿上，表现出一副困惑的样子……

这类客户根据自身使用过不好而又类似的商品的经验，觉得你提供的数据根本就不真实。因此，当我们的论点变得牵强附会与难以置信时，即使是真的，客户也会有所怀疑。这种猜测、怀疑与反对，一般都会通过肢体语言清楚地告诉人们："我不相信你所说的话。"客户需要更多的证据来证明销售员说的话是真实的。

我们应做的反应是：

表示与客户有同感，引导客户说出自己怀疑的原因。然后，再决定如何才能使客户完全相信自己。

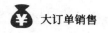

确信自己已经将强调的重点解释清楚了。可以借助于例子、图片、类比与解释等方式，使客户完全理解自己的观点。在客户赞成自己的说法之前，必须让他理解有关问题。

提供充分的证据证明自己的观点或主张。当然，这些证据必须是可信的。这些证据必须是经过测试的结果、统计图表，以及其他独立的权威机构提供的报告、产品示范或者是使用过本公司产品或服务的客户的现身说法。这样一来，客户不仅更容易信服，而且也更容易赞同销售员的观点。

2. 客户表示不满、反感的肢体语言

下面是客户生气、沮丧或其他不愉快典型的肢体语言信号：

身体突然挑衅性地摆动，手势忽动忽停，还有其他一些突然性动作。比如，上半身突然前倾，手指不停地摇晃。

双手交叉放在胸前，而手指紧紧地抓住上臂。

双手紧紧地抓住桌子或大腿，或者紧紧抓住椅子的扶手。

站立时，双手紧紧地放在背后，两腿站得笔直，而且纹丝不动。

不停地揉鼻子，抓后脑勺、脖子或脸颊，表现出一种不耐烦的情绪。

既不笑也不做出反应地点头，整个下巴的肌肉都绷得紧紧的，双眉紧锁，有时眼睛还向别处张望。

销售员在销售过程中，经常会引发客户愤怒、争吵、防范、失望或者其他怀有敌意的行为。这种情况的发生，大致有如下几个方面的原因：一是我们食言，特别是对客户重要事情的承诺食言；二是我们直接表达了反对意见或者对客户提出了挑战性意见（客户被迫挽回自己的面子）。

有时，我们的某些失礼或轻浮的行为与态度也会使客户不满。客户也会因为我们没有给予他认为是合理的某些产品销售特权而感到沮丧。

在客户生气或者说发脾气时，不一定会经常表现出一些明显的特征。有时，客户为了顾及自己的地位与自尊心，他会试图暗自控制自己的情绪。

我们正确的应对措施是：

此时我们必须立即停止正在谈论的主题或正在做的事情，先关切地提出安慰性的问题，表现出自己真诚地关心客户，以得到他的信任，进而找出出现这种情绪的原因。

如果时机恰当的话，我们应该向客户表明，自己愿意在某些方面做出让步，以达成协议，但是也希望客户能够在某些方面做出让步，以实现双赢。同时，要突出并强调彼此之间的共同点，而不要老是强调彼此之间的不同点。

你要放松下来，舒适地靠椅背坐，给客户一种没有威胁的感觉。但是，千万不要下意识地模仿客户挑衅性的姿势。

说话的语调要平和、缓慢，语速适中，声音要比平时小一点，使客户感到轻松自在。

如果客户因为听不懂你们讨论的重点而感到沮丧的话，讨论一定要暂停一下，问问客户是否有什么问题没有提出来。千万要记住，如果要责备的话，我们只能责备自己，要多想想自己还有哪里做得不够好，需要改进。

最关键的是：无论发生了什么事情，我们都不能同客户进行争吵或强烈地否定某些事物。

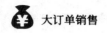

3. 客户表示积极态度的肢体语言

下面是客户发出的积极的肢体语言：

客户微笑、点头或其他兴奋的脸部表情。

双手自然地放在桌子上，或者手势自然、友好；双脚突然不再交叉；手臂也不再交叉放在胸前；其他动作也轻松自然，表现出当事人的观念已经在改变。

拍一拍你的手臂、肩膀或背部，这样的动作表现出对你的温暖、友好、关心或同情的姿态。但是，需要注意的是，触摸行为会表达出一种强烈的情绪，而且如果这种行为发生在男女之间，那么，这种行为反而会给人以一种不真诚或胁迫的感觉，从而使人难以接受甚至感到厌恶。

身体坐得靠近一点。这看起来好像是一种彼此之间关系比较密切的信号。

在讨论的过程中，解开外套的扣子或者脱下外套，或直接卷起袖子，可能表示愿意接受他人的看法与建议。

客户坐在椅子的边缘，上身微微前倾，表现出一副渴望仔细倾听我们说话的样子；而其两腿却在桌椅下自然下垂，只用脚尖点地，这种姿势通常是客户已经准备签订购买合同或愿意同我们合作的信号。

如果客户专注地观看产品展示或产品示范，这将是一个好兆头，表示客户对我们和谈话的内容有浓厚的兴趣。

头微微倾斜。这种姿势通常表示完全接受谈话内容。

两手缓慢地相互搓揉，看样子是等不及想签订合约了！

对于销售员来说，遇到一位心无偏见而又愿意倾听自己产品展示说明的客户，真是一件令人愉快的事情。因为销售员都有遭受客户拒绝与反对或遭人白眼的心理准备，所以，如果自己受到客户的尊重与友好接待，销售员的感觉自然非常好！

当然，比较典型的情况可能是，由于我们和客户之间已经建立了良好的关系，我们取得了客户的信任，此时，客户才会发出积极的肢体语言信号。而我们所谈内容确实引起了客户的购买兴趣或者真正解答了客户的疑惑与需求时，客户也会发出真正有兴趣购买的积极的肢体语言信号。

我们应有的反应是：

如果客户对我们销售的产品表现出极大的兴趣与热情，那么，我们也要表现出同样的热情，以使客户保持兴趣与热情，并使客户确信，他的决策一定是正确的。

如果客户赞美我们及公司或者销售的产品，此时我们要真诚地感谢客户，以便于客户继续谈论积极的事。

如果客户还在对你感兴趣，你不妨继续使用开放型的肢体语言，同时，使自己靠客户更近一点。

4. 客户表示考虑的肢体语言

这方面的信号有：

坐在椅子上，身体会向前倾，不断地自言自语："嗯，嗯……"

客户目光呆滞或者两眼瞪视，通常是眼睛望着窗外或者是看着地板、墙壁或天花板，双眉紧锁，头一动也不动。

客户看似在娴熟地擦拭着眼镜，而实际上根本就没必要这样做。

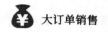

客户双手交叉放在背后，低着头，肩膀下垂，两只眼睛紧紧地盯着地面，表现出一副沉思的样子。

客户不停地摆弄着自己的头发、胡须等。

客户慢吞吞地、若有所思地、反复地摆弄着某件物品以拖延时间。

客户的头下垂，双眼紧闭，一只手轻轻地抚摸着自己的鼻子，双唇相互摩擦，或者一只手轻轻地抚摸前额。

客户的一只手托着下巴，手指置于脸的两颊，同时，轻轻地抚摸着脸颊……

我们应有的反应是：

实际上，客户确实需要一点喘息的空间进行思考。如果这样的话，客户可能会说一些积极的话，提出一些关切的话题或新的要求。

如果客户举棋不定——对做购买决定犹豫不决，我们就要努力找出其中的原因。

我们要将本公司的产品或服务的主要优点整理出来，指出本公司的产品或服务优于竞争对手的产品或服务的质量与特性所在，强调一些老客户的满意保证。

同时须注意，千万不要去打断客户的思路，客户在经过未受任何干扰的思考之后，可能会提出购买要求。

另外，让客户自己提出一些问题、要求或意见等，我们应该在事先有所准备，并且恰当地进行处理。

客户做出购买产品的决定后，我们要肯定地告诉客户，他做出的这个决定是完全正确的。同时，我们还要用真实的资料（统计数字、测试结果、示范、保证）来提高客户目前的兴趣，或者重新激发客户不那么强烈的购买欲望。客户需要的是感觉自己做出了正确的购买决定，而不仅仅是知道自己即将做出正确的购买决定。

5. 客户表示冷漠、无动于衷的肢体语言

漠不关心的肢体语言信号的表现为：

客户既不提出问题、做出解释，也不提出要求，以此来表示自己对销售员的话题不感兴趣。

目光呆滞，看起来像一个木讷呆板的人，或者看上去像一个睁着眼睛睡觉的人。

客户的整个身子都转向我们的另一边。

客户心不在焉地在笔记本上乱涂乱画，时不时地看看表，清洁手指甲等。

客户在下面各干各的，好像我们做的产品展示与他无关似的，要不就是彼此间说笑。

手指敲桌子、双脚不停地敲地板，或者拍打身上的某个地方，或者做出拿着笔玩之类的不耐烦动作。

客户的双脚交叉，并且左右快速移动，或者有韵律地踢着。

客户在椅子上坐立不安，眼睛不愿意正视我们，反而是在不断地东张西望，试图寻找一些有趣味的事物。

由于各种原因，客户也许会对我们销售的产品或服务不感兴趣。其实，在大多数情况下，客户之所以会不感兴趣，主要是因为客户完全看不出我们推荐的产品或服务对自己究竟有何帮助或好处。然而，不幸的是，很多销售员对客户谈的大多是一些没有意义的产品细节，或者是谈

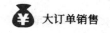

一些客户已经知道的内容，因而导致了客户的漠不关心。

我们应做的反应：

要善于运用其他客户成功使用本产品的实例进行说明，尽量描述曾为其他企业所带来的好处，以增强客户的信心。

我们还要注意为自己的销售演讲增添一点魅力：充满热情，避免单调。

如果我们发现客户看上去好像是很疲惫，最好是先让其稍微休息片刻，以便使其重新集中精力，焕发活力。

6. 客户有意拖延时间的肢体语言

不集中精力倾听我们说话，阅读文学作品、日程表等。

反复阅读同一份文件。

客户头和眼皮下垂，双手托着下巴，好像整个人都瘫在椅子上，双腿向前伸得笔直。

客户在与我们讨论问题时不停地点头，同时，口中发出断断续续的"嗯""哈"的声音，一直持续到访问结束。

我们应做的反应是：

要提出一些问题，并且运用良好的倾听技巧，让客户更多地参与到销售讨论中来。如果条件允许的话，在进行产品示范展示时，可以让客户亲自参与示范操作。一般来说，客户参与这种活动越多，对产品的兴趣就越大。

做成功展示，用产品征服客户

有的销售员抱怨说："我已经快磨破嘴皮子了，可客户就是不动心。"问题出在哪儿呢？大家要明白，我们是在向客户销售产品而不是炫耀口才，为什么不向客户示范一下我们的产品呢？如果让客户对产品产生了兴趣，他自然就会自行购买啊。

展示销售法是一种常见的销售方法，但其具体的方式和内容十分繁杂，从商品陈列、现场示范，到时装表演、商品试用，均可视为展示销售法。其主旨就是力图让消费者亲眼看到、亲耳听到、亲身感受到商品的精美和实用，把商品的特性尽善尽美地表现出来，以引起客户兴趣。

那么，怎样采取示范产品的方法去促使客户对销售产品产生兴趣呢？

通用电器公司几年来一直想销售教室黑板的照明设备给一所小学校。可联系了无数次，说了无数的好话均无结果。这时一位销售员想出了一个主意，使问题迎刃而解。他拿了根细钢棍出现在教室黑板前，两手各持钢棍的端部，说："先生们，你们看我用力弯这根钢棍，但我不用力它就又直。但如果我用的力超过了这根钢棍的最大承受力，它就会断。同样，孩子们的眼睛就像这弯曲的钢棍，如果超过了孩子们所能承受的最大限度，视力就会受到无法恢复的损坏，那将是花多少钱也无法弥补的了。"没过多久，学校就主动向通用电器公司订购了照明设备。

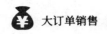

销售电冰箱时甚至可以用上简单如火柴这样的小物体。销售员擦燃了一根火柴说："你听，我们的冰箱工作时无声无息，就像这火柴燃烧时一样安静。"

一般来说，示范方法主要有以下几种：

1. 表演示范

在销售对象面前，为了增强示范的感染力，我们应该学会一定的表演技巧。表演示范的主要方法是做动作，有时连色彩、音响、气味等都可以作为表演示范的辅助手段。比如，兜售洗涤剂的销售员，先往自己穿的衣服上倒上红墨水、油污，然后当场敷上洗涤剂冲洗干净，边做边讲，眼见为实使人不得不相信洗涤剂的去污性能。

有时，销售员用一点戏剧化的手法进行示范，可以大大增强表演示范的效果。在做表演示范之前，销售员应该精心设计，仔细研究表演示范的程序安排与艺术处理，千万不可草率行事，否则就会欲速则不达。

销售表演应该带给人新鲜感，不要重复老一套。

例如，为了证明汽车轮胎的结实程度，有的销售员一改往常用铁锤敲打车胎的示范方法，而是使劲在车胎上面敲铁钉。有的销售员还举枪向车胎射击，然后再让客户检查结果。

当然，在追求表演新鲜感时，我们切不要故弄玄虚，表现过度，否则会招致客户的反感。

2. 体验示范

所谓体验示范，就是在销售过程中让客户亲自体验产品，直接体会商品的利益与好处。激发客户兴趣的关键，在于首先使对方看到购买商品的利益所在。因此每一个销售人员应切记：使客户看到好处，使客户产生好感，这就是销售工作激发客户兴趣的要点所在。

例如，销售员上门访问时，为了引起客户对空调机的兴趣，与其说上一千遍空调机的优点，倒不如在炎夏季节请客户到一间装有空调的房间待上一会儿配上点凉茶，让客户亲身体验一下凉爽宜人的舒适感，如此，对方对购买空调机的兴趣和欲望便会激增。

只要条件许可，应尽量让客户参与体验示范，尤其是对于机械产品、电子产品的销售，应当满足客户亲手操作的愿望，让客户参与体验要比销售员自己示范更能引起客户的兴趣。

体验示范还包括让对方品尝、聆听、观赏等系列活动。

另外，大家要明白，任何产品都可以拿来做示范。而且，一般在10分钟之内所能表演的内容，比在1个小时内所能说明的内容还多。无论你销售的是商品、保险还是教育，任何产品都有一套示范的方法。示范被称为销售员的真正销售工具。

平庸的销售员常常以为他的产品是无形的，所以就不能拿什么东西来示范。其实，无形的产品也能示范，虽然比有形产品要困难一些。对无形产品，你可以采用影片、挂图、图表、相片等视觉辅助用具，至少这些工具可以使销售员在介绍产品的时候，不显得单调。

优秀的销售员一般都喜欢使用纸笔。他们都随身携带纸笔，知道如何画出图表、图样或是简单的图像来辅助说明自己的论点。

那么，优秀的销售员是怎样使他们的示范发挥最大效用的呢？

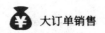

1. 先把示范时所用的台词写下来

除了如何讲、如何表达之外，还有动作的配合，有些地方可能没有台词，只有动作，客户顺便可以松口气。

2. 要预先练习示范过程

对设计好的整个示范过程反复练习。请你的家人、同事或营业部经理来观看，提出意见。要一直练习到十分流畅和逼真，而且使观众觉得很自然为止。

3. 要随时记住"客户至上"

要以客户为核心，让他了解、清楚我们的产品究竟可以带给他什么样的好处。

4. 尽量让客户参与示范

苹果公司常嘱咐自己的销售员："要把手机递给客户，好让他们自己亲自查看我们的产品。"

5. 要留有余地

在客户开始厌倦之前就把产品拿开，这样可以增强客户拥有这个产品的欲望。

6. 说服客户

在示范说明的时候，要让客户认同我们所提到的每一项产品优点。

7. 珍爱产品

示范产品的时候，要表示出珍重爱护的态度。像鞋店的销售员拿鞋出来给客户试穿之前，要把鞋子擦亮；珠宝商将展示的珠宝放在天鹅绒上面等。假如你的产品十分轻巧，拿的时候要稍微举高点，并且慢慢旋转，以便让客户看得清楚。要不时地对自己的产品表示赞赏，也让客户有机会表示赞赏。

8. 要在示范中尽量使用动作

别只是展示我们的产品——要示范产品给对方看；别只是展示图表——要当场画给对方看。

另外，假如我们的产品无法展示出来给大家看，可以打个比方，或使他产生联想，使他能获得生动的理解。

做示范是向客户证明产品优点的好方法，大家会发现一个简单的示范胜过千言万语，因此销售员一定要掌握示范的技巧，让客户自己说服自己。

技巧性提问，引导客户持续说"是"

在销售的过程中，如果你能让客户持续说"是"，那么你的销售很可

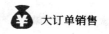

能就会成功，就是说如果你能找到让客户说"是"的话题，那么就可以大大提高你的成交率。

世界著名销售员原一平在销售保险时，总爱向客户问一些主观答"是"的问题。他发现这种方法很管用，当他问过五六个问题，并且客户都答了"是"，再继续问保险方面的知识，客户仍然会点头，这个惯性一直会保持到成交。

原一平也搞不清其中的原因，当他读过心理学上的"惯性"后，终于明白了，原来是惯性化的心理使然。他急忙请了一个内行的心理学专家为自己设计了一连串的问题，而且每一个问题都能让自己的准客户答"是"。利用这种方法，原一平签下了很多大额保单。

其实，这种方法一直是销售高手的成交绝技。

假设在你销售产品前，先问客户 5 个问题，而得到 5 个肯定的答复，那么接下来，你的整个销售过程都会变得比较顺畅。当他和你谈产品时，还不断且连续地点头或说"是"的时候，你的成交机遇就来了，他已形成一种惯性。每当我们提一个问题而客户回答"是"的时候，就增强了客户的认可度，而每当我们得到一个"不是"或者任何否定答复时，也降低了客户对我们的认可度。

在销售过程中，平庸的销售人员经常被一些突如其来的问题弄得目瞪口呆，败下阵来，有的甚至一上场就被客户拒绝。其实，只要你牢记你的目的，预先堵住可能造成麻烦的漏洞，营造一种安全的销售气氛，主导整个沟通过程，那么你的销售就很可能会取得成功。

让我们来看看销售人员最怕、最头疼的三句话：

辛辛苦苦地谈完了，好不容易说服了对方，却突然听到对方说一句："不错是不错，但我要跟太太商量商量！"

不断地转换角度想促成交易，对方仍淡淡地说："对不起，我还要再考虑考虑！"

历尽艰辛成交了，墨迹还没有干，客户却突然说："我的想法变了，我要求解约！"

优秀的销售人员却可以让这些话通通消失，秘诀就是尽量避免谈论让对方说"不"的问题。而在谈话之初，就要让他说出"是"。销售时，刚开始的那几句话是很重要的，例如：

"有人在家吗？……我是××公司的，是想向您介绍一些我们公司的××产品，相信它一定对您大有用处……""××产品？哦对不起，我已经买过了，暂时还没有再次购买的打算。"

很显然，对方的答复是"不"。而一旦客户说出"不"后，要使他改为"是"就很困难了。因此，在拜访客户之前，首先就要准备好让对方说出"是"的话题。

例如，对方一出现在门口，你就递上名片，表明自己的身份，同时说："在拜访您之前，我已看过您的客户资料了，您的××产品是3年前从我们公司买的，对吧？"只要你说的是事实，对方必然不会否认，而只要对方不否认，自然也就会说"是"了。

就这样，你已顺利得到了对方的第一句"是"。这句话本身，虽然不具有太大意义，但却是整个销售过程的关键。

"那您一定知道，我们公司又推出不少新的产品喽？"除非对方存心

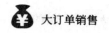

和你过不去，否则，他必然会同意你的看法。这么一来，你不就得到第二句"是"了吗？

如果对方真的要拒绝，那不仅仅是口头上的一声"不"，同时，他所有的生理机能也都会进入拒绝的状态。然而，一句"是"却会使整个情况为之改观。所以，优秀的销售人员明白，比"如何使对方的拒绝变为接受"更为重要的是：如何不使对方拒绝。

优秀的销售员一开始同客户会面，就会留意向客户做些对商品的肯定暗示，例如：

"×女士，本公司的储蓄型保险是您最好的投资机会，3年后开始返还，您获得的红利正好可以支付您儿子的大学费用！"做出诸如此类的暗示后，要给客户一些充分的时间，以便使这些暗示逐渐渗透到客户的思想里，进入客户的潜意识里。

当他认为已经到了探询客户购买意愿的最好时机，就这样说：

"为人父母，都要尽可能地让儿女受到最良好的教育，怎么样，您考虑过这方面的问题吗，您可以先购买个小险种尝试一下。"

优秀的销售人员在交易一开始时，利用这个方法给客户一些暗示，客户的态度就会变得积极起来。等到进入交易过程中，客户会对优秀销售员的暗示仍有印象。

客户经过商谈过程中长时间的讨价还价，最终成交还要办理一些琐碎的手续，所有这些都会使得客户在不知不觉中将优秀的销售人员预留给他的暗示，当作自己所独创的想法，而忽略了它是来自于销售人员的巧妙暗示。因此，客户的情绪受到鼓励，定会更热情地进行商谈，直到与销售员成交。

事实上，"我还要考虑一下！"这个借口也是可以避免的。一开始商谈，就立即提醒对方该当机立断。具体方法有很多，举例说明一下：

"以您目前的成就，我想，也是经历过不少风浪吧！要是在某一个关头稍微一疏忽，就可能没有今天的您了，是不是？"不论是谁，只要他或她有一丁点成绩，都不会否定上面的话。等对方认同甚至大发感慨后，销售员就接着说：

"我听很多成功人士说，有时候，事态逼得你根本没有时间仔细推敲，只能凭经验、直觉而一锤定音。当然，一开始也会犯些错误，但慢慢地判断时间越来越短，决策也越来越准确，这就显示出深厚的功力了。犹豫不决是最要不得的，很可能会坏大事呢。是吧？"

即使对方并不是一个果断的人，他也不会希望别人说自己犹豫不决，所以对上述说法点头者多，摇头者少。那么，下面你就可以继续你的说服工作了。

"我也最反感那种优柔寡断，成不了大器的人。能够和您这样有决断力的人交谈，真是一件愉快的事情。"这样，你怎么还会听到"我还要考虑考虑"之类的话呢？

其实，任何一种借口、理由，都有办法事先堵住，只要你好好动脑筋，勇敢地说出来。也许，一开始，你运用得不纯熟，会碰上一些小小的挫折。不过不要紧，总结经验教训后，完全可以充满信心地事先消除种种障碍，直奔成交，并巩固签约成果。

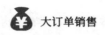

>> 第8讲

抓住时机，促成交易 >>

销售的终极目标是说服客户签单。说什么，怎么说，这是问题的关键所在。如果你想成功完成销售，就一定要按下客户的心动按钮，使顾客心悦诚服，自愿掏出钱包。

必须清楚，客户的购买诱因是什么

可以这样说，客户如果决心买一种产品，那么一定是这个产品有吸引他的地方，如果我们能够找出客户所关心的那个利益点，也就是常说的，客户购买产品的主要诱因，那么我们的销售一定会进行得更顺利。

在台湾的销售界流传着这样一个故事：

有一位房地产销售员，带一对夫妻进入一座待出售的房子时，太太发现这房子的后院有一棵非常漂亮的樱花树，而销售员注意到这位太太很兴奋地告诉她的丈夫："你看，院子里的这棵樱花树真漂亮。"当这对夫妻进入房子的客厅时，他们显然对这间客厅掉漆的地板有些不太满意，这时，销售员就对他们说："是啊，这间客厅的地板是有些掉漆，但您知道吗？这幢房子的最大优点就是当您从这间客厅向窗外望去时，可以看到那棵非常漂亮的樱花树。"

当这对夫妻走到厨房时，太太抱怨这间厨房的设计不合理，而这个销售员接着又说，"是啊，但是当您在做晚餐的时候，从厨房向窗外望去，就可以看到那棵樱花树。"不论这对夫妻走到哪个房间，不论他们指出这幢房子的任何缺点，这个销售员都一直重复地说："是啊，这幢房子是有许多缺点。但您知道吗？这房子的最大优点是其他房子所没有的，那就是您从任何一间房间的窗户向外望去，都可以看到那棵非常美丽的樱花树。"在整个销售过程中，销售员一直不断地强调院子里那棵美丽的樱花树，他把这对夫妻所有的注意力都集中在那棵樱花树上了，当然，这对夫妻最后真的买了那座带有樱花树的旧房子。

我们所销售的每种产品以及所遇到的每一个客户，心中都有一棵"樱花树"。而我们最重要的工作就是在最短的时间内，找出那棵"樱花树"，然后将客户所有的注意力引到那棵樱花树上，那么客户自然而然地就会减少许多抗拒心理。

举例来说，一个销售最新电脑财务软件的销售员，必须非常清楚地了解客户为什么会购买他的软件，当客户购买一套财务软件时，他可能

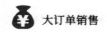

最在乎的并不是这套财务软件能做出多么漂亮的图表，或是哪个知名企业用上了这套软件。他们最主要的目的可能是希望能够用最有效率的方式，得到最精确的财务报告，进而节省更多的开支。所以，当我们向客户介绍软件时，如果只把注意力放在解说这套财务软件如何使用、介绍这套财务软件能够做出多么漂亮的图表上，可能对客户的影响并不大。如果你告诉客户，只要花 1500 元钱买这套财务软件，贵公司每个月就可以节省 800 元钱的开支，或者增加 3000 元的利润，有了具体的数字做支撑，客户马上就会对这套财务软件产生兴趣。

一般来说，客户在购买某种产品的时候，都有一个最重要的购买诱因，同时也有一个最重要的抗拒点。因此我们的主要工作，就是找出客户购买此种产品的主要诱因是什么，以及客户不购买这种产品最主要的抗拒点是什么。如果能够找出这两点，把自己所有的注意力都放在使客户了解并且相信这种产品所能够带给他们的利益点上，并且有效地消除他们购买产品的主要抗拒理由，那么客户就会购买我们的产品。

客户购买产品最主要的抗拒点有很多，这些抗拒点可能是我们产品的价格，可能是我们的售后服务，可能是我们的竞争者，也可能是不喜欢我们这个人等。

在销售过程中，我们应该把大部分的注意力放在找出客户的需求和我们的产品能为客户带来什么利益上，从而尽可能地找出客户购买这种产品最主要的诱因和抗拒点。

依据销售中的 80/20 法则，我们的产品所具有的优点可能有 10 项，而真正能够吸引客户的可能只是其中的一项或两项。所以我们必须花费 80％以上的时间详细地解说产品的这一项或两项优点，并让客户能够完全地接受与相信，那么我们对于客户的说服力也就相对增强了。

优秀的销售员都知道，最简单有效地找出客户主要购买诱因的方法是通过敏锐的观察以及提出有效的问题。比如我们可以问客户："如果您愿意购买这种产品，那么请问您想购买的主要原因是什么？"另外一种方法也能有效地帮助我们找出客户的主要购买诱因。这个方法就是询问曾经购买过我们产品的老客户，很诚恳地问他们："先生，请问当初是什么原因使您愿意购买我们的产品？"或"请问当初您之所以购买这种产品，最吸引您的是什么？"当你将所有老客户主要的一两项购买诱因找出来后，再加以分析，就能够很容易地发现他们当初购买产品的那些重要利益点是哪些了。

刺激客户将购买兴趣转化为购买欲望

我们要以刺激消费者的购买欲望为目的，这样才能把商品销售出去。很多时候，我们自己做出了令客户信服的示范，但是客户仍旧无动于衷，这时候，我们就必须掌握刺激客户购买欲望的方法。

我们要想刺激客户产生购买的欲望，就必须巧妙地向客户说明，他在购买产品以后将会如何的满意，并从中得到乐趣，得到好处，有物有

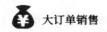

所值，甚至是物超所值的感觉。有位真空吸尘器销售员对一位家庭主妇说："使用这种机器，您可以从繁重的家务劳动中解放出来，就会有更多的时间带您的孩子外出散步，或者有更多的时间与您的丈夫促膝谈心。总之，您将有更多自由支配的时间。"

"这些光彩夺目的灯光设备，可以使所有的行人都看到您的商店橱窗，甚至连广场另一侧的行人也都能看到您的橱窗。如果不安装这些灯光设备，许多行人即使从您的橱窗外面经过，也注意不到橱窗里的展品。安装了这些设备以后，耀眼的灯光照射在展品上，行人都会清楚地看到橱窗里的展品。试想一下，要是这些灯光设备能为您吸引成千上万的客户，那您就会多赚好多钱，还会使您的商店的外观比对面的商店阔气得多。您再想想，您商店里的新年装饰物如果安上了这些灯光设备，将会变得多么光彩夺目啊！"

但是，只靠拼凑一些符合逻辑的理由，是无法激发客户的购买欲望的。我们必须刺激客户，使他对我们所销售的产品产生浓厚兴趣。说服客户最好的也是最直接的办法是，向他介绍并示范所销售的产品，从而使他意识到，购买该产品以后，他将获得更多乐趣。

我们必须使客户感到他确实需要这个产品，并且迫切地想购买。购买欲望不是来源于理智，而是来源于情感，刺激客户的购买欲望不同于向他证实他对产品有某种需要。许多家庭都需要比较高档的家用电器设备，然而有的家庭却觉得没有那些设备反而更好些；不少商店都需要较好的灯光照明设备，可商店老板宁愿花钱购置橱窗展品。

刺激客户，使他们产生购买欲望是非常重要的。除此之外，我们还必须能够说服客户。

消费者的购买欲望受到刺激达到一定程度时，就会产生购买的冲动，当冲动足够大的时候，就会产生购买行为。但是，消费者是否做出购买决定是很难预测的。消费者在做出购买决定的一瞬间会突然变得犹豫不决。这会使我们感到不知所措，因为我们原以为达成交易是十拿九稳的。而在销售那些单位价值低、消费者经常随意购买的产品时，刺激一下消费者的购买欲望就可以达成交易。

在通常情况下，当客户购买某一贵重产品或者购买某种足以改变某种生活习惯的产品时，仅仅靠刺激客户的购买欲望是远远不够的。如果我们已经成功地刺激了客户的购买欲望，就应该把这一工作继续向前推进一步，让客户相信他的购买行为是理性的，并不是一时冲动。我们要尽量地向客户讲道理，以理服人。话不在多，有理就行。

在客户不是为自己购买，而是作为代理人替他人或者公司购买的情况下，合理性就显得特别重要。原因是，他要向他的主顾或单位证明其购买决定是正确的。在这种情况下，如果我们用讲道理的方式向客户证明，他的购买行为一定会达到他所期望的效果，那么客户的购买欲望就会增加。"如果我购买或者拒绝购买这一产品，别人会如何看待我呢？"客户会经常向自己提出这样的问题，我们也应该考虑到这一点。除了从情感上刺激客户的购买欲望以外，还应该从理智上刺激客户的购买欲望。使他相信，他的购买决定不仅在情感上是合理的，在理智上也是正确的，并且能够得到大家的一致认可。

以下实例有助于说明通过讲道理来刺激客户购买欲望的重要性。

例1：当客户产生了购买欲望以后，我们可以进一步地进行说理并且帮其算一笔账："购买这样一台便携式录音机不但方便实用，而且经济

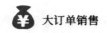

实惠。您的时间多么宝贵！您一个月的薪水大概是多少，有 1200 元吧？假如这台 PDA 每天只为您节省 5 分钟的工作时间，加起来，一个月就为您节省将近 10 多元，一年就是 100 多元，这还没有算其成本费。况且只算了您一个人的时间，您的三位同事也可以使用这台 PDA。假定他们每个人节省的时间仅仅是您的一半，那么他们每人每年至少可以节省 50 多元。使用这台 PDA，只要一年多的时间，仅用节省下来的费用就足以抵消购买机器的费用了，而且仅仅是假定您每天只节省 5 分钟的工作时间。这笔账，您看这样算对吗？"

例 2：一位体育用品的销售员说："假如您开设一个旅行和滑雪用具商品部，您的商店就可成为本地区拥有各种各样旅行用品的唯一商店。另外，销售旺季也可延长。秋天终归是比较萧条的季节，对吧？如果您开始销售冬季体育用品，就会把那些正在安排滑雪度假的人们吸引到您的商店里来。只要他们光临您的商店，就有可能使他们对其他一些旅行用品产生浓厚兴趣。再想一想附近学校里的那些小学生，他们也会来这里买东西，他们可是家庭的小皇帝啊，况且，我们这里的冬季是比较长的。"

例 3："不言而喻，您购买一辆大型卡车并不是由于它的式样美观和有一台大功率的发动机，您购买大型卡车的真正原因是您能运载更多的货物。让我们算一算，您购买这种型号的卡车需要花多少钱，另一方面，使用这辆卡车一年又可赚回多少钱。请看一下这些数字……"

例 4："每一间办公室都装上日光灯当然好啦。其实那并不是为了好看，而是使整个办公楼看上去整洁光亮，更具有现代社会的气息。既然甲先生他们安装了一套新的日光灯，我们当然不能不加考虑就随口拒绝。何况，光线好，对眼睛也有利。不过，安装日光灯的费用一定很大吧？"

销售员回答说："乙先生，那看您如何算这笔账。日光灯耗电少，使用寿命长，因此，它的费用仅仅是……"销售员的回答使客户无言答对。他本来就很想购置日光灯，但就是下不了决心，听了销售员的解释，他心中的疑虑便完全消除了。

例 5："如果安装这种新的传送带，我们几乎就得改变整个生产程序。当然我们也希望设备现代化，这可以提高我们的生产效率。但是，我们的情况有点特殊，压力也很大。我们只完成了客户订货的一半，而交货日期又日益迫近。我对您的建议倒是非常感兴趣。不过，我真不知道如何办才好。"这说明客户的购买欲望已经受到了刺激，不过还没有完全被说服，因此他没有做出购买决定。

"这个问题确实值得您认真考虑一下，"销售员冷静地回答，"不过，您决定把引进合理的操作系统推迟到什么时候呢？我们可以算算这笔账，如果您不购买这种传送带，那就要浪费很多时间。就按您目前的工资水平来算吧，加起来是……"他们两个人在一起计算。计算的结果使客户清楚地认识到没有传送带，成本是昂贵的。这样一来，他不仅想购买传送带，而且将其视为当务之急。

作为一名销售员，我们一定要能够分清客户的兴趣与购买欲望，并用我们的如簧之舌，把客户对产品的兴趣转化为购买欲望。

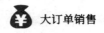

抓住成交的最佳时机

在销售活动中，成交的时机是非常难以把握的，太早了容易引起客户的反感，造成签约失败；太晚了，客户会失去了购买欲望，之前所有的努力全部付诸东流。那怎么办呢？销售大师告诉你：当成交时机到来时，客户会给你一些"信号"，只要你留心观察，就一定可以把握成交时机。

客户的购买信号具有很大程度的可测性，客户在已决定购买但尚未采取购买行动时，或已有购买意向但不十分确定时，常常会不自觉地表露出他的态度。在大多数情况下，客户决定购买的信号通过行动、言语、表情、姿势等渠道反映出来，我们只要细心观察便会发现。

所以，我们一定要培养自己敏锐的业务眼光，这是我们销售成功的一项重要武器，能够洞悉客户的心意是完成交易的第一要诀，这个秘诀是一种自由心证的感应，想要明确说明并不容易，但可以从对方的反应与实际的状况看出一丝端倪。

如何才能把握住客户的购买讯号呢？首先必须了解客户对商品的反应如何，一般的客户对产品认同与否的反应大致可区分为眼神、姿势、口气、语言方式这几项。

1. 眼神专注

最能够直接透露购买讯息的就是客户的眼神，若是商品非常具有吸引力，客户的眼中就会显现出美丽而渴望的光彩。例如当我们说到使用这一项商品可以获得可观的利益，或是节省大额金钱时，客户的眼睛如果随之一亮，就代表客户的认同点是在获利上，此时客户正显露出他的购买讯息。

2. 动作积极

你将产品资料交给客户观看时，若他只是随便地翻看后就把资料放在一旁，这说明他对于你的资料缺乏认同，或是根本没有兴趣。反之，若见到客户的动作十分积极，仿佛如获至宝一般地翻看与探询，则是已经浮现购买讯号。

3. 姿态反映心态

当客户坐得离你很远，或是跷着二郎腿和你说话，甚至是双手抱胸，表明他的抗拒心态仍然十分强烈，要不就是斜靠在沙发上用慵懒的姿态和你谈话，或是根本不请你坐下来谈，只愿意站在门边说话，这些都是无效的销售反应。

反之，若是见到客户对你说的话频频点头应和，表情非常专注而认真，身体愈来愈向前倾，即表示客户的认同度高，两人洽谈的距离越来越近，客户购买的讯息也更加明显。

4. 口气发生转变

当客户由坚定的口吻转为商量的语调时，就是购买的讯号。另外，当客户由怀疑的问答用语转变为惊叹句用语时也是购买的讯号。例如："你们的产品可靠吗？你们的服务怎么样？"等问句，如果变成"使用你们产品之后有没有保障呢？必须多久保养一次？"就说明客户在认同产品后，心中想象将来使用时可能产生的问题，因此会以问题来替代疑惑，

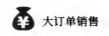

而呈现想要购买的前兆。

5. 语言购买信号

语言信号是客户在洽谈过程中通过语言表现出来的成交信号。大多数情况下，客户的购买意向是通过语言形式表达出来的。这也是购买信号中最直接、最明显的表现形式，我们也最易于察觉。通常表现为：关心送货时间或怎样送货；询问付款事宜，包括押金、资金或折扣。

口头或非口头地向配偶、朋友或亲人等征求赞同意见。

例如："一次订购多少才能得到优惠呢""离我们最近的售后服务中心在哪里""有朋友说它性能非常可靠，真是这样吗""您的产品真是太漂亮了""这倒满适合我们的，能试用一下吗"等。

当客户为了了解细节而不断询问我们时，反映出客户一探究竟的心态，这也是一种购买讯号。如果我们可以将客户心中的疑虑一一解释清楚，而且答案也令其满意，订单马上就会到手，怕就怕有些客户会问一些不着边际的话来试探你，让你疲于奔命，或是问一些十分艰涩的问题，企图用问题来打垮我们的信心，此时我们必须凭着经验判断客户的用意，并在最短的时间内转移话题，再导入销售之中，才能继续运用先前所努力的成果。

有以上情况发生时，已经不再是需要考虑的时刻了，这些问话，都是成交的信号，你要赶紧抓住这个机会。

上面所列的种种情况，仅供大家参考。一名卓越的销售员不仅应该知道如何捕捉客户的购买信号，而且要知道如何利用这些购买信号来促成客户的购买行动。下面一则销售案例，或许可以给我们提供一些有益的启示。

　　某家商场的销售员对产品进行现场示范时，一位客户发问："这个产品多少钱一件？"对于客户的这个问题，我们可有三种不同的回答方法：

　　①直接告诉对方具体的价格。

　　②反问客户："您真的想要买吗？"

　　③不正面回答价格问题，而是给客户提出："您要多少件？"

　　在所举的三种答复方式中，哪一种答法为好呢？很明显，第三种答复方法可能效果更好一些。客户主动询问价格高低，这是一个非常明显的购买信号。这种举动至少表明客户已经对你销售的商品产生了兴趣，很可能是客户已打算购买而先权衡自己的支付能力是不是能够承受，如果对销售员介绍的某种商品根本不感兴趣，一般人是不会主动前来询问价格的。这时，我们需要及时把握机会，理解客户发出的购买信号，马上询问客户需要多少数量，会使"买与不买"的问题在不知不觉中被一笔带过，直接进入具体的成交磋商阶段。我们利用这种巧妙的询问方式，使客户无论怎样回答都表明他已决定购买，接下来的事情就可以根据客户需要的数量，协商定价，达成交易。

　　如果我们以第一种方式回答提问，客户的反应很可能是："让我再考虑考虑！"如果以第二种方式回答对方问题，表明我们根本没有意识到购买信号的出现，客户的反应很可能是："不！我只是看看。"由此看来，这两种封闭式的答复都没有抓住时机，使一笔即将到手的生意失之交臂。

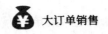

在生意场上，成功的销售员应当在销售活动的整个过程中时刻注意观察客户，学会捕捉客户发出的各类购买信号，只要信号一出现，就要迅速转入敦促成交的工作。有些销售员认为不把销售内容讲解完毕，不进行操作示范就不能使客户产生购买欲望，也做不成一桩买卖，这实在是一种错误的想法。

其实，客户对产品的具体要求不同，销售产品对其重要程度也有异，因而客户决定购买所需的时间也不同。我们只有时刻注意观察，工作认真细致，才不会失去机会。

巩固销售成果，防止客户反悔

一些销售员常常会碰到这样的事情，销售工作进行得很圆满，眼看一份订单就要到手了，这时客户却突然反悔，于是我们的大量心血就都白费了。

有位家政公司的年轻业务员叫吴小东，当一栋新盖的大厦完工时，他马上跑去见该大厦的业务主任，想承揽所有的清洁工作。例如，各个房间地板的清扫，玻璃窗的清洁，公共设施、大厅、走廊、厕所等所有的清理工作。他做得很不错，一个星期后，业务主任口头上答应了这项业务。当吴小东承揽到生意，从侧门兴奋地走出来时，一不小心，把消防用的水桶给踢翻了，水洒了一地，有位事务员赶紧拿着拖把将地板上的水拖干。这一幕正巧被业务主任看到，他心里很不舒服，于是打通电话，将这个合同取消了，他的理由是："你这种年纪的还会做事太不小心，怕将来实际担任本大厦清扫工作的人员，更不知会做出什么样的事来，既然你无法让人放心，那么还是解约的好。"

这是个很好的例子，希望以后大家不要因为生意谈成，高兴得昏了头，而做出把水桶踢翻之类的事，使得谈成的生意又变成泡影，煮熟的鸭子又飞了。

这种失败的例子，也可能发生在保险销售员身上，例如当保险销售员向一位女士销售她丈夫的意外保险时，只要说话稍不留神，也会使成功愉快的交易，变成怒目相视的拒绝往来户。

"现在你跟我们订了契约，终于可以安心点了吧？"

"什么！你这句话是什么意思，你好像以为我是在等我丈夫的死期，好拿你们的保险金似的，你这句话太不礼貌了！"

于是洽谈失败，生意也做不成了。

所以在生意快要谈拢或成交时，千万要小心应付。所谓小心应付，并不是过分逼迫对方，只是在双方谈好生意，客户心情放松时，我们最好少说几句话，以免搅乱客户的情绪。此刻最好先将摊在桌上的文件，慢慢地收拾起来，不必再花时间与客户闲聊，因为与客户聊天时，有时也会使客户改变主意，如果客户说："嗯！刚才我是同意了，但有些细节

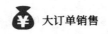

我还要再考虑一下。"那我们所花费的时间和精力，就白费了！

成交之后，销售工作仍要继续进行。

卓越销售员的真正工作不是始于听到异议或"不"之后，而是他们在听到"可以"之后。一旦他与客户达成了交易，如果他想完成这项交易，他必须继续销售，而不是停止销售。当然，这里指的不是回过头来重新开始销售产品，而是销售自己、销售公司的支持系统和售后服务。

永远也不要让客户感到我们只是为了佣金而工作。不要让客户感到我们一旦达到了自己的目的，就突然对客户失去了兴趣，转头忙其他的事去了。如果这样，客户就会产生失落感，那么他很可能会取消刚才的购买决定。

对有经验的客户来说，当他们对一件产品产生兴趣时，往往不是当时就买。我们的任务就是要创造出一种需求或渴望，让客户参与进来，让他感到兴奋，在客户情绪到达最高点时，与他成交。这个时间点要学会把握好。

在以下的内容里，我们就来详细看看专业销售员是如何巩固销售成果，避免客户反悔的。

1. 向客户道谢

这是优秀销售员区别于平庸销售员的细小差别之一。

说声"谢谢"不需要花费什么，但却含义深刻，给客户留下深刻印象。大多数销售员不知道在道别后如何感谢客户，这就是为什么他们常常收到客户的退货和得不到更多客户的原因。当我们向客户表示真诚感谢时，客户对我们会非常热情，会想方设法给我们以回报，会对我们表示感谢。

请看下面的例子：

"张先生，我想对您说声谢谢，我想告诉您，我对您的举动十分感谢。如果您还需要我做什么，您可以随时给我打电话。"

当客户听到这些话时，他就知道他做出了正确的选择，他会对我们的友情表示感激。在这种情况下，他怎么会改变主意让我们失望呢？

2. 向客户表示祝贺

客户现在已经同意购买，但在很多情况下，还是会有点不放心，有些不安，甚至会有一点神经紧张。这是一个非常重要的时刻，对销售员来说，沉着应对非常重要。客户在等待，看接下来会发生什么情况，他在观察我们，看我们是否会兴高采烈，看自己的决策是否正确，看我们是否会拿了钱就走人。

现在，客户比以往任何时候都需要友好、温暖和真诚的抚慰，帮他度过这段难熬的时间。

成交之后，我们应立即与客户握手，向他表示祝贺。记住，行动胜过言辞，握手是客户确认成交的表示。一旦客户握住了我们伸出来的手，他要想再改变主意或退缩就不体面了。从心理上说，当客户握住我们的手时，就表示他不愿反悔了。

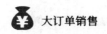

3. 与客户一起填写合同

说到填合同表，很多销售员是不称职的，由于误填、不准确和填不好，致使很多交易都没做成。这些销售员常常为了一桩买卖而拼命工作，但却由于不知道怎样填写合同而使到手的买卖又丢掉了。他们熟知合同，却又对它很陌生。

卓越的销售员应是合同专家，他们能够在几秒钟内完成一份合同的填写。我们应当锻炼这方面的能力，直到非常清楚、熟练地完成这项工作为止。

一般销售员在填写合同的时候，通常默不作声，他们把精力集中在合同上。这种沉默通常会引起客户的胡思乱想，他也许会对自己说："我为什么要签这个合同？"接着，所有的疑虑和恐惧又重新涌上心头。当出现这种情况时，我们很可能还要再搭上半个小时，去挽回这笔买卖，但在多数情况下，这笔买卖是再也没有希望了。

我们尽管已经知道需要填写有关客户的内容。但在填写时，仍然要求客户证实这些内容。我们边写边与客户进行轻松的对话，目的是让这一程序平稳过渡，让客户对他自己的决定感到满意。我们的填表动作应当自然流畅，我们与客户的对话内容可以与产品毫无关系。我们可以去谈及客户的工作、家庭或小孩，这些话题可以把客户的思绪从合同中解脱出来，表明我们并不只是对客户的金钱感兴趣。

4. 让客户签字

为了避免可能发生的退货现象，我们应尽一切可能防止客户后悔。

一旦合同填写完毕，得到签字，就应当敲定这笔买卖，向客户表明他做出了正确选择。这会让客户感到他应当把这一过程进行到底。

5. 尽快向客户提供产品

让客户尽早拿到货物，越早越好。不管你是在为客户提供一项服务、为客户送货，还是他来取货，或者你需要为他进行安装，都要尽早做完，越快越好。一旦客户拥有了这件产品，尝到了它的甜头，看到了它的功用，他就不会后悔了。

6. 给客户制造一点惊喜

给客户一点意外的惊喜，就像面包师给他的客户一打面包是 13 个而不是 12 个一样，这是一桩不会亏本的买卖。我们的客户会感到他做了一笔好买卖，他会感激我们的，换句话说，他会忠实于我们的。

7. 立即拜访连锁客户

客户最兴奋的时刻是购物之后。因此，有理由说，这也是他最愿意推荐其他购买者的时候。是故，我们应当趁此时机问客户是否认识其他对该产品感兴趣的人，问他们我们是否可以利用这些关系。如果我们有礼貌地提出请求，他们总会提供给我们一两个名字。但如果他们不肯，不要一味坚持，换个时间再谈。

我们应当趁客户的热情仍然存在时，在同一天或第二天拜访这些连锁客户。这样我们的现有客户就感到有义务将这笔交易贯彻到底。毕竟，

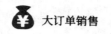

他不会在推荐其他人的同时，自己却反悔了，对吗？

8.给客户寄张卡片或便条

很多客户在付款时，往往会产生后悔之意。不管是一次付清，还是分期付款，总要犹豫一阵才肯掏钱。预防这一问题发生的一个好办法就是，寄给客户一张便条、一张卡片，再次称赞和感谢他们。

这样不仅可以提醒他们兑现已经做出的承诺，而且还能使他们回忆起我们，回忆起他们对我们的义务。我们的便条应当简短、热情，要用手写，这样会给客户一种亲切感，而不是公事公办之感，最后要记住的一点就是，要保证在他们付款之前两三天收到便条，但其中不要提付款的事。

为了不使自己辛苦所做的工作白费，我们应当尽一切努力防止客户反悔，如果让"煮熟的鸭子"飞走了，那就说明我们的工作还不到位。

掌握谈判主动权，拿下大订单

在销售过程中，客户表示出购买意向后，双方不可避免地就要进行商谈，在达成共识后才能成交。这样一来谈判就成了一个非常重要的环节，只有商谈好价格等诸多细节，排除异议后，才能正式成交。

我们首先来看看销售中应该采取的谈判策略。

1. 找到双方认可的客观标准。在谈判过程中，尽管充分理解对方的利益所在，并绞尽脑汁为对方寻求各种互利的解决方案，同时也非常重视与对方发展关系，但还是可能会遇到令人非常棘手的利益冲突问题。若就某一个利益问题互不让步，即使强调"双赢"也无济于事。

谈判中，在利益冲突不能采取其他的方式协调时，使用客观标准就能起到非常重要的作用。

例如，市场价值、替代成本、折旧率的计算等。要寻求并使用双方都认可的客观标准，这样双方才会认为谈判的基础是公平的，才能消除分歧继续谈判下去。实践证明，此种方式的谈判非常有效，可以不伤和气的快速取得谈判成果。

2. 不要太执着于各自立场。许多谈判僵持太久甚至一拍两散，就是因为过于重视立场或原则，双方各不相让。我们应该明白，在谈判双方对立的立场背后，不仅存在冲突的利益，而且还存在共同的或可以彼此兼容的利益。

例如，在制造业的销售谈判中，双方往往坚持各自的价格立场互不相让。其实价格立场背后还会有许多利益的存在，而且这些利益的存在对双方并不一定就是冲突。价格中是否包括外包装的费用？双方交货时间的安排对谁更重要？运输的责任必须是由买方来承担吗？是想签订长期销售合同，还是一笔交易的合同等。

可见，一项合同谈判的立场背后还会有许多的利益因素。所以我们必须彻底分析双方的利益所在，认清哪些利益对于自己是非常重要的，是决不能让步的；哪些利益是可以让步的，是可以用来作为交换条件的。盲目坚持立场和原则，往往会使谈判陷入僵局或者使谈判彻底失败。

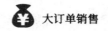

要知道，让步的谈判并不等于是失败的谈判。在谈判中最忌讳的是随意做出不恰当的让步。卓越销售员会用对自己不重要的条件去交换对对方无所谓、但对自己却很重要的一些条件。这样才能达到双赢。

在谈判中，利益的交换是非常重要的。双方谈判能否达到双赢，主要取决于双方让步的策略，而识别利益因素往往依赖于双方之间的沟通。在谈判中，不妨向客户多问几个为什么，如"您为什么一定要特别要求……""您为什么不能接受……"等诸多问题，以此来探求对方的真实利益所在。在销售谈判中，对于利益问题，应注意强调你为满足对方利益所做出的努力，当然，你也要对对方的努力表示钦佩和赞赏。

3."双赢"是最完美的结局。在许多谈判中，由于谈判者更多的是注重追求单方面利益，坚持固守自己的立场，而从来也不考虑对方的实际情况，结果买卖没有成交。如果片面地认为谈判对手的问题始终该由他们自己解决，谈判就是要满足自己的利益需要，替对方想解决方案似乎是违反常规的，这就大错特错了。

实践表明，成功的谈判应该使得双方都有赢的感觉。只有双方都是赢家的谈判，才能使以后的合作持续下去。因此，如何创造性地寻求双方都接受的解决方案乃是谈判的关键所在，特别是在双方谈判处于僵局的时候更是如此。

在掌握了销售策略的同时，我们还应该学习一些谈判技巧，只有把销售策略和谈判技巧结合起来运用，方能收到最佳的效果。那么，常用的谈判技巧有哪些呢？

a. 营造好的谈判气氛。

b. 让对方认识了解你的立场、理由、观点。

c. 求同存异。一个问题一个问题地解决，让谈判继续下去，不要破坏谈判。

d. 要有耐心，不要期望对方立刻接受你的新构想。

e. 不要逼得对方走投无路，总要留点余地，顾及对方的面子。

f. 提出比预期达成目标稍高一点的要求，给自己留些余地。

g. 表现得小气一点，让步要慢，并且还得带点勉强的样子。

h. 为对方提供一项不失面子的让步方式，同时也使自己不致看起来像是一个失败的谈判者。

i. 不要轻易亮出底牌，但要尽可能了解对手这方面的资料。

j. 伺机喊"中场休息"，以让对方有机会怀疑和重新考虑，而且让你有机会重获肯定的谈判地位或者以一点小小的让步，重回谈判桌。

k. 在谈判过程中，突然改变方法、论点或步骤，使对方陷入混乱或迫使对方让步。

l. 表现一点不耐烦的情绪化行为，必要时，可以提高嗓门，逼视对手，这一招或许可以让对手为之气馁，也可显示你的决心。

m. 纵使是对方小小的让步，也值得你争取。小小的让步，就对方而言或许算不了什么，但对你来说可能就非常重要，说不定对方举手之劳，就能为你省下不少时间，减去不少麻烦。

在销售谈判中，我们一定要把策略和技巧结合起来运用才能解决问题，促成交易，过分退让或太强硬对谈判都没有好处。

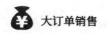

卓越销售员应掌握的成效方法

作为一名销售员，要想达到卓越，我们必须掌握并能灵活运用几种成交方法，这样在面对不同情况、不同客户时，我们才能顺利达成交易。

1."二选一"成交法

有一次，寿险公司的一位销售员去访问某电器商店的老板，目的是说服其投保。在听完销售员的自我介绍后，两人进行了如下的对话。

"你说的保险是很好的，只要我的储蓄期满即可投保，10万、20万是没有问题的。"注意！这时客户其实是决心未定，准备再做考虑。

"麻烦您告诉我一下，您的储蓄是什么时候到期？"

"明年6月。"

"虽说好像还有好几个月，那也是一眨眼的工夫，很快就会到期的。我们相信，到时候您一定会投保的。"

"既然明年6月就能投保，我们不妨现在就开始准备，反正光阴似箭，很快就会到了。"

说完，拿出投保申请书来，一边读着客户的名片，一边把客户的大名、地址一一填入。客户虽然一度想制止，但销售员不停笔，还继续说："您明年还是一样要走这个流程，不如现在把它填好了，时间一到就会自动续保了。"

"保险金您喜欢按月缴呢，还是喜欢按季度缴？"

"按季度缴比较好。"

"那么受益人该怎样填写呢？除了您本人外，要指定孩子，还是妻子？"

"妻子。"

剩下就是保险金额的问题了，销售员又试探性地问道："您刚才好像讲是 10 万？"

"不，不，不，不能那么多，5 万就行了。"

"以您的财力，本可投保 10 万……现在只照您的意思 5 万好了。"

"3 个月后我们派人来收第二季度的保险金。"

"喔！那不是今天就要交第一次的吗？"

"是的。"

于是客户也不说明年投保的事了，当即便交了保金，销售员开好收据，互道再见。

销售员把一件没影的生意谈成了。他使用的就是半推半就的二选一成交法，一步步地把客户由明年拉回到此时此刻成交。

本方法是提供给客户几种选择方案，任其自选一种处理。这种方法，是用来促使那些没有决断力的客户进行交易。客户只要回答询问，不管他的选择为何，总能达成交易。换句话说，不论他如何选择，购买已成定案。

选择成交法把购买的选择权交给客户，没有强加于人的感觉，因而可以减轻客户购买决策的心理负担，利于客户购买。

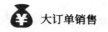

2."促销"成交法

超市在举办促销活动时，总能吸引大批消费者，因为价格优惠可以对消费者产生吸引力。而"促销"成交法也是我们向客户提供各种优惠条件来促成交易的一种方法。这种方法主要是利用客户购买商品时想占便宜的心理动机，通过让利，促使客户成交。例如："这种菜谱如果您订购超过 10 本以上，我可以给您按八折结账。"

采用促销成交法，增强了客户的购买欲，同时融洽了买卖双方的人际关系，有利于双方的长期合作。但是采用此法无疑会增加销售费用，降低利润，运用不当还会使客户怀疑产品的质量和定价。因此，我们要合理运用优惠条件，并做好产品的宣传解释工作。

3.跳跃式成交法

跳跃式成交法是我们假定客户已经做出购买决策，只对某一具体问题做出答复，从而促使客户成交的方法。跳跃式成交法先跳过双方敏感的是否购买这一话题，然后自然过渡到实质的成交问题。例如，洗碗机的销售员在了解了客户的需求后可以采用跳跃式成交法说："这种洗碗机非常适合您的需要，您看我们什么时候给您上门安装呢？"

如果客户对销售产品兴趣不浓或还有很大的疑虑，我们不能盲目采用此法，以免失去客户。另外，对于较为熟悉的老客户或个性随和、没有主见的客户，可以用跳跃式成交法，而对于自我意识强的客户，则不宜采用此法。

跳跃式成交法自然跨越敏感的成交决定环节，便于有效地促使客户做出决策，可有效地节省销售时间，提高销售效率。但使用的时机不当，会产生强加于人的负效应，容易引起客户反感。

4. 突出优点成交法

突出优点成交法是我们汇总阐述其销售品的优点，借以激发客户的购买兴趣，促使交易实现的一种方法。这种方法是在销售劝说的基础上进一步强调销售品的优点，使客户更加全面了解销售品的特性。例如："您看我厂的空调不仅功能先进、价格低廉，而且还送货上门、代为安装，而且一个月内出现质量问题保证无条件退换。您看什么时候给您送货合适呢？"

这种方法能够使客户全面了解商品的优点，便于引发客户的购买兴趣，使客户迅速做出决策。但是采用此法，我们必须把握住客户确实的内在需求。在进行有针对性汇总阐述产品的优点时，不能将客户提出异议的地方作为优点予以阐述，以免遭到客户的再次反对。

5. 保证服务成交法

保证服务成交法是我们通过向客户提供售后保证而促成交易的一种方法。客户有多种不同的心理障碍，有的担心购买后商品质量有问题，有的担心无人上门安装维修等。如果不消除客户的这些心理，客户往往会拖延购买或拒绝购买。对此，我们可积极采用保证服务成交法达成交易。例如："某经理，这种电话的质量您尽管放心，一旦发现任何问题，我公司保证无条件退换。"

保证服务成交法可以增强客户购买的决心，利于客户迅速做出购买

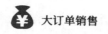
决定。但是采用此法，要求我们必须做到"言必信，行必果"，否则势必会失去客户的信任。

6. 把握局部成交法

把握局部成交法是指我们通过解决次要问题，从而促成整体交易实现的一种方法。我们运用此法时要注意客户的购买意向，慎重选择次要问题，以利于创造和谐的气氛，保证以局部的成交促进整体交易的实现。从客户的购买心理来说，重大问题往往会使他们产生较强的心理压力，不会轻易做出购买决策。这在购房、汽车、高档家电等方面较为突出。而在比较小的交易问题面前，客户往往比较果断，容易做出成交的决定，如购买日用品。把握局部成交法正是利用客户的这种心理。对大型的交易，先就局部或次要问题与客户成交，然后在此基础上再就整体交易与客户取得一致，最后成交。

例如，房地产销售员向客户销售大房子，如客户以一时无法筹措全部资金为由欲拒绝购买时，我们可说："付款不是大问题，我们可以帮您办理个人购房抵押贷款，当然您也可以采用分期付款的方式。这是两种办法的具体内容，您看一下。"这样，在局部问题上先行达成一致，最后实现房屋的整体成交。把握局部成交法采取先易后难逐渐推进的方法，运用较为灵活。但是如果运用不当，容易分散客户的注意力，不利于突出销售品的主要优点，导致交易失败。

7. 请求购买成交法

请求购买成交法是我们用简单明确的语言直接要求客户购买销售品

的方法。在成交时机已经成熟时，我们应及时采用此法促成交易。例如：
"我这批水果新鲜又好吃，您准备进几箱货呢？"

请求购买成交法简单明了，可以节省销售时间，提高销售效率，有利于解除客户不愿主动成交的心理障碍，可以加速客户购买决策的过程。但是，请求购买成交法容易给客户造成一种心理压力，引起客户的抵触情绪，甚至可能引发客户成交异议。一般来说，当客户已表现出明确的购买意向，但又不好意思提出购买或犹豫不决时都可运用此法促成交易。

8. 赞语成交法

赞语成交法是我们以肯定的赞语坚定客户的购买决心，从而促成交易的一种方法。赞语对客户而言是一种动力，可以使犹豫者变得果断、拒绝者无法拒绝。例如，当一位女客户拿着挑选的衣服犹豫不决时，我们可以说："您真是慧眼独具，挑的衣服正是今年最流行的样式。"这样，客户往往会迅速做出购买决定。

采用此法的前提是必须确认客户对销售品已产生浓厚兴趣。而且赞扬客户时一定要发自内心，语言朴实，态度诚恳，不要夸夸其谈，更不能欺骗客户。

这种成交法减少了销售劝说难度，有效地促进了客户购买决定的做出，利于提高销售效率。但是这种方法有强加于人之感，运用不好会遭到拒绝。

9. 从众心理成交法

此法是我们利用客户的从众心理，促使其做出购买决策的一种成交

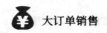

方法。因为，人类的行为不仅受观念的支配，而且更易受到社会环境因素的影响，表现出程度不同的从众心理。我们运用此法，必须分析客户的类型和购买心理，有针对性地适时采用，切忌不分对象胡乱运用或蒙骗客户。

从众心理成交法可简化销售劝说的内容，降低销售劝说的难度，但是不利于我们准确全面地传递各种销售品信息，对于个性较强、喜欢表现自我的客户，往往会起到相反的作用。

成交法是销售员工作的重中之重，一个合格的销售员应善于根据不同情况，灵活地采用不同的成交方法，以实现交易的成功。

》》　第 9 讲
意犹未尽，去时要比来时美 》》

如果你送走一位快乐的客户，他会在无意中就替你宣传，帮助你招揽更多的客户。销售前的奉承不如销售后的服务，后者才会永久地吸引客户。记住：销售，从来都不是一锤子的买卖。

买卖做不成，礼节仍要在

绝大多数销售员都能够做到，向客户销售时彬彬有礼，但却不是每个销售员都能做到，在生意没有谈成、失望地离开客户时依然保持风度。

销售员可能有这样的疑问：既然生意没有谈成，我们有必要再对人家礼貌有加吗？答案是肯定的。古人云："买卖不成情义在。"这是一个销售员的基本修养，事实上一次销售的失败，也可能蕴藏着下一次商机。

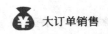

如果我们失去一次做成一笔生意的机会，那么，这次访问的投入，我们不是可以收获好的感情交流吗？这一次的不成功，自然是可以成为下一次成功的伏笔，把一个良好的形象深深地刻在客户的脑海里，它甚至比做成一笔生意重要得多，因为生意永远是做不完的。

之所以有很多销售员抱怨没有"回头客"，主要原因就在于每当被客户拒绝后，你就觉得这个客户已经不属于你了，你也没有必要再像刚拜访客户时那样"低三下四"了，因此无礼地甩头就走；或者再也不像客户刚进到你店里那样，毕恭毕敬地去提供服务了，而是把客户冷落在一旁，这样就给对方留下了极差的印象，那么谁还会主动回头再找你买东西呢？

有些大公司，对于来公司考察和谈生意的客人，去机场或车站接站的仪式都会很隆重，但是如果买卖不成的话，那么送站的场面就有点尴尬了。有很多商界朋友，提起令人不愉快的交往，没有一个是关于接站的，而对送站的不满比比皆是。这就让人产生了"这个公司一辈子也不要再来"的感觉，这对于企业的形象是一个致命的打击。原来你的所谓礼节是冲着那笔可能的生意去的，而不是我这个人，生意不成，居然礼节也不要了，朋友也不处了，这是多么令人伤感的事情啊！

日本人很注重礼仪，在送客的礼仪方面也有独到之处，表现得谦和有礼。为了合作，日本某工厂邀请对方来厂参观，参观结束后对方并没有和这家工厂签订购买产品订单，当被邀请方坐大巴离开时，工厂的领导、员工等都在厂门口恭送客人。每个人都是90度的鞠躬，非常有礼貌。

尤其令人惊讶的是，参观团的一个领导看到：后面还有一个工人装束的人在鞠躬。这是一位接近退休年纪的老先生。此时所有的参观团成员都在跟工厂的领导道别，这一切本来与这位老工人无关，可是他依然以厂为家，以公司为荣，用同样的礼仪欢送贵宾离开。

这位老工人的举动最终打动了参观团里的这位领导，于是回到公司后他就打来了合作的电话。这就是服务精神所在，服务是一种天职。就算别人没有关注你，你也应该把服务做好。在整个社会大环境里面，每个人都是一分子，每个人都在为别人服务的同时接受着别人的服务。一个优秀的销售员应该时时刻刻把服务做好，这也是对自己的一种肯定。所以服务不光是做给别人看的，有时候也是自己本身的需要。

在销售活动中，销售前期能够以周全的礼节对待客户的销售员可能是100％，而自始至终能够以周全的礼节对待客户的销售员，可能不到30％。我们之所以举出这样的例子来，只是希望销售员们都能在销售过程中做到善始善终，在被拒绝后依然保持君子风度。

销售员一定要明白，这次的被拒绝就是下次销售的开始，因此，如果因为买卖没做成，就对客户爱搭不理、漫不经心，那么这样的销售员就是没有素质，不懂得礼仪，或者说根本不合格。而且，今天不买或仅买一点商品的客户明天未必就不买大件商品。如果客户受到无礼对待，势必不愿再来，你势必会损失大批回头客。退一步说，即使客户真的不买大件商品，真的没有经济实力，销售员也应一视同仁。

买卖不成人情在，同样买卖不成礼节也还要在，合格的销售员应该做到：客户买与不买一个样，买多买少一个样。

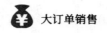

离开前，把好印象留下来

销售界有一句名言："第一次访问的结果是第二次访问的开始。"也就是说如果你能在初访时给客户留下良好的印象，那么就为再访创造了机会。

访问销售，既然是访问，必有辞别离开的时候。这时，你给客人留下印象的好坏，直接影响到你的业绩。然而没有注意这个问题的销售人员，却大有人在。强迫销售的销售员多半会把门砰的一声关上。凡是智慧的销售人员，都不会这样做。

那么怎样才能给客户留下良好的印象呢？以下是必须遵守的几个要点：

（1）即使对方拒绝了，也不能忘记说声"谢谢"。

（2）突然光顾，单是客户能听你的销售词就值得感谢了。

（3）辞别时和访问时对待客户要同样恭敬。

（4）门将关上时，再一次向对方表示出礼貌的态度。

（5）关门的动作要温文尔雅，不要随手一摔。

俗话说"去时要比来时美"，才能给人以深刻的好印象。正如一首诗无论开头多么豪迈，若结尾软弱无力，都不会是首好诗。但如果开头平淡无奇，而结尾余韵无穷，意境深远，却堪称是首好诗。

销售人员的辞别可以说是与客户的暂时别离，除非你决意不再和这位客户做买卖，便不在乎离去时的礼节，否则，客户总是以你辞别时的形象来评价你，而我们的形象比商品形象更重要。尤其是在被拒绝时，更能体现我们的形象，除非你不是以销售为业，只做一锤子买卖，而辞别时，脸拉得很长，把手伸到背后粗暴地带上门，也就切断了身后那条与客户的无形的"红线"，这样你的销售市场就会越来越小。

当然，有礼貌地告辞，主要还是为了给再访创造机会，因此，告辞时别忘了确定一下再访日期，方式可以有以下几种。

对果断型的客户要让他自己决定时间。具有独立性格的自主果断型的人多半不喜欢被人安排约会时间。对于这类人，你可先试探："下个星期天或哪天我再来做访问？"或"什么时间来比较恰当？"总之尽量避免触犯他的自主权。

对优柔寡断的客户要明示时间。一般而言，女客户大部分是属于优柔寡断型的，也就是说女性大多数购物时总是会优柔寡断。所以只要还有一线希望，都应该再做一次访问。当你辞别时，应该说："好，星期三下午我再来做更详细的说明。"具体指明日期，以观察对方反应，如果对方没有反对就表示默认了；如果对方说："不行，星期三我没空……"你就说："那么下个星期天我再来打扰好了。"而如果你问："下次我什么时间来打扰方便？"就是一种愚不可及的约见方式。

暗示自己将再来访问。如果你未得到应允，就以为下次不能再来访问，就是死脑筋了。如果对方很冷淡地说："我们目前不需要这个产品。"你千万别灰心，你可以接着说："好的，既然如此，下次我再带最新的产品来供您参考。您认为不合适也没关系。"这样不就创造了再次访问的机会了吗？因为你已表示你还要再来，你们还会在一起做交流沟通的。

总期待一次访问就成交是不切实际的，以为下次再也不走进这个家门，则是愚蠢。所以，智慧的销售员一定会与已访问的人家结下不解之

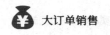

缘，一次、两次乃至数次去访问。

留下再访理由，筹划更多订单

销售访问是一场长期的战斗，不是一次、两次访问就能解决问题的。有时候我们甚至要尝试几十次。一些销售员说：我不怕辛苦，多跑几次没什么。可是我不知道再访时应该找什么理由，直愣愣地站在那里实在让我难受。找不到再访借口，是很多销售员都在发愁的问题，因此我们在此总结出若干个再访的借口，供大家参考。

我们为了追求业绩的增长，一般都会锁定几个自己认为比较有可能成交的准客户，并运用各种方法去接近他们，了解客户的基本资料和他们对商品的需求偏好，据此整理出商品的特色和优点，以激发客户购买的意愿，并达到销售的目的。

在交易过程的接近、说明、成交、服务等阶段里，接近客户是完成目标的基础工作，只有经过获得客户认同与信赖的接触后，才能完成整个交易。然而，许多销售员在好不容易得到拜访客户的机会后，却没有再接再厉、继续再访的行动，以引起客户购买的欲望。这样，一旦时间拖得太久，客户的需求意念降低，就算产品十分优良，想要再得到客户的认同也不大容易了。所以，寻找再访借口是我们最需要了解与掌握的技巧。

以下有一些不同的再访借口，大家可以参考一下。

1. 初访时不留名片

一般的销售员总是在初次见面时马上递出名片给客户，这是比较传统的销售方式，但是却难免流于形式，你不妨偶尔试试反其道而行的方法，初次与客户见面暂不留名片，说不定有令人意想不到的效果。

2. 故意忘记向客户索要名片

这也是一种不错的方法，因为客户通常不想把名片给不认识的销售员，尤其是不认识的销售新手，所以客户常借名片已用完或还没有印好为由，而不给名片。此时不需强求，不妨顺水推舟故意忘记这件事，并将客户这种排斥现象当作是客户给你的一次再访机会。

3. 印制几种不同式样或是不同职称的名片

如果有不同的名片就可以借更换名片或升职为理由再度登门造访，但要特别注意的是，避免拿同一种名片给客户，以免穿帮，最好在客户管理资料中注明使用过哪一种名片或是利用拜访的日期来分辨。

4. 在拜访时故意不留下任何自己的宣传资料

当客户不太能够接受但又不好意思拒绝时，通常会要求我们留下资料，等他看完以后再联络。这时候有经验的销售员绝对不会上当，因为这只是一种客户下逐客令的借口，资料给了之后很可能不用多久就被丢到垃圾桶，所以就算客户主动提出留下资料，你也要婉转地回绝，但要

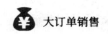

在离开之前告知下次再访时补送过来。倘若忘了留下再访的借口，也可以利用其他名目，例如资料重新修订印制完成后再送来给您参考，或是客户索取太踊跃，所以公司一再重印，等我一拿到新印制的资料就送来。

5. 亲自送达另外一份不同资料

这份资料必须是客户未曾见过的，专业的销售员应当有好几份不同的宣传资料，才可以针对不同的客户需求提供不同的资料。

6. 搜集一些可以引起客户兴趣的资料

如果发现报纸或杂志上刊登着与商品相关的消息或统计资料，并足以引起客户兴趣时，都可以立即带给客户看看，或是请教看法。

7. 将资料留给客户参考

我们在离开前必须先说明资料的重要性，并约定下一次见面的时候取回，若客户不想留下也无妨，走的时候可以把资料留给客户，客户就算不看也不会把资料丢弃。切记，约定下一次见面的间隔时间不可太长，否则可能连你也会忘记有这么一件事。

8. 借口恰巧路过，特意登门造访

说明自己恰巧在附近找朋友或是拜访客户，甚至是刚完成一笔交易均可，但千万不可说顺道过来拜访，这一点是要特别注意的，以免让客户觉得不被尊重。同时还要注意，不需要刻意解释来访的借口，以免越描越黑，自找麻烦。

9. 找一个自己精通的问题向客户请教

这不是要考倒客户，而是要了解客户的专业知识，所以千万不要找太难的问题，以能够给予客户发表空间的"议论题"为佳。

10. 拉上直属上司联袂拜访

通过第三者的造访，尤其是你的上司陪同前往时，更能提高说服力。因为上司协助销售员开拓业务，会使交易达成的可能性大大提升。

11. 逢年过节别忘送上一份小礼物

这是接触客户最佳的时机和最佳的运作方式。当然，礼物的大小要自己把握。

12. 赠送公司发行刊物

运用免费赠予客户公司刊物的机会，作为再访的借口也是十分恰当的。例如，某些公司会出一些月刊、周刊、日刊，或市场消息，过年时会送月历、日历等资料。

13. 拟订新的计划以供客户所需

销售的商品可以搭配成许多不同的组合，有人称之为"套装"商品，不同的组合与搭配会有不同的效用，可以借此向客户请教某些问题，征询他有何观点或建议。

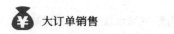

14. 以生日作为开场白

若能适时记住客户或其家人的生日，到时候再去拜访客户并送上一张生日贺卡或鲜花，也不失为有效打动客户的方法。

15. 举办说明会、讲座

可以举办最新商品的资讯说明会，特邀客户参加，加深客户对商品的了解，或是提供免费的奖品，相信会吸引很多人前来参加。我们在送给客户邀请卡时，可以稍微解说一下讲座的内容，并在告辞前请其务必光临指导。

16. 运用客户问卷调查表接近客户

设计几份不同的问卷调查表带去请客户填写，问卷的内容主要在于了解客户对于销售商品的接受程度与观念，或是对于商品喜好的程度。

17. 在市场突然公布消息时给客户第一手资料

利用市场发布重大消息的机会，提供市场人士或是自己的看法给客户参考，使客户备感荣幸，从而拉近彼此的距离。

18. 提供相关行业的资料给客户参考

"知己知彼，百战不殆。"搜集相关行业的动态信息作为参考，不但可以成为自己商品改良的依据，同时也可以举例说明别人成功的经验。

19. 不用找借口，直接拜访

与其费尽心思为自己的行动找理由而踌躇不前，不如直截了当地登门拜访更加有效。这样做虽然比较唐突并可能碰壁，但也不失为训练自己能力与胆量的机会。

适当地运用再访技巧，并不是虚伪矫情，而是销售行业竞争发展的需要。传统的销售技巧已失效，新一代的业绩创造者必须要有新的理念与新的技巧，才能在复杂多变的市场中占有一席之地，因此了解与掌握各种不同的再访技巧，将有助于提高自己的销售业绩。

"戏法人人会变、巧妙各有不同"，销售方法没有一定的模式，只要你肯用心，一定可以找到更别致、更有效的再访借口，而我们的销售业绩也将因此而大大提高。

老客户是财富，务必维护住

一些平庸的销售员每天都忙于开发新客户，但他们的业绩却没有好到哪里去；一些优秀的销售员却并没有那样"勤劳"地开发新客户，但他们却好像有做不完的生意。这是因为一般的销售员忽略了他们的老客户，他们不知道，老客户其实是一笔宝贵的资源，是一座金矿。

老客户已购买过销售员的产品，他们认识销售员，并且彼此之间建

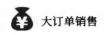

立了信任和友好的关系，所以，销售员不一定专注于开发新客户，做好老客户的生意，也是一种有效的办法，优秀的销售员正是常常如此。

1. 老客户新契机

人们都喜欢购买新商品，你的热心会带动客户的购买欲，勾起他们对新产品的期待。

2. 推荐销售附加商品或服务

你们公司也许销售各种不同的商品且提供不同的服务，但是客户很少会对你所从事的行业有全盘的了解。有时客户会说："哦，我不知道你也有那类产品啊。"当听见客户这么说的时候，其实就是销售员的失职。

3. 与客户一起用餐

如果你能把客户带离办公的环境，你就能发掘更多的销售机会（并请他带一位要转介绍给你的人一起前来）。

4. 让客户帮助介绍新客户

这是一张记录着你的商品或服务表现的成绩单，也是一张能力的评鉴书，记录着你是不是有足够的能力获取消费者的信任，让他们把你介绍给他的朋友。

不管你的销售是否成功，你必须继续出现在客户面前培养关系，做好亲善工作。

如果你无法说服现有客户为你进行转介绍，或是用"可以销售给他们的东西我都卖过了"诸如此类不成理由的理由来搪塞，这意味着：

①你无法与客户建立良好互信的关系。

②你的销售后追踪服务可能做得不够好。

③你的客户发生一些问题，而你却不愿意去主动面对客户的问题。

④你需要更多训练。

⑤大多数销售人员以为，打电话给客户除了销售之外，都是在浪费时间，没有比这更荒谬的想法了。

那些有办法与一个接一个的准客户完成交易的销售人员，总是让人赞叹不已。用心且诚实地审视你的客户名单，那儿还有数以百计的机会在等着你。

优秀的销售员深知主动与客户联系十分重要，他们几乎都有一个相同的习惯，就是每天打 5 ～ 10 个电话，这样不但能扩大自己的交际范围，还能维系旧情谊。

作为一名销售员，要善于利用已有的人际关系，不断加深与老客户的情谊，你会发现这对你的销售工作大有帮助。

对客户，要有过目不忘的本领

我们每天要跟许许多多的人打交道，对于这些人，不应该见过就忘

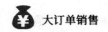

了，最后连人家的名字和样子也想不起来，这样的话，你绝对无法成为一名卓越的销售员。

　　姓名虽然只是一个个体的符号，但却无比重要，如果你想通过别人的力量来帮助自己，首先要尊重别人的姓名。

　　有一位高级时装店的老板说："在我们店里，凡是第二次上门购物的，我们规定不能只说'请进'。而要说：'请进！××先生（小姐）。'所以，只要来过一次，我们就存有档案，要全店人员必须记住他的尊姓大名。"如此重视客户的姓名，不但便于时装店制作客户卡，掌握其兴趣、爱好；而且使客户倍感亲切和受到尊重，走进店里有宾至如归之感。因此，老主顾越来越多，生意越来越兴隆。

　　作为一名销售员，如果你是第二次拜访同一客户，就更不应该说："有人在吗？"而该改问："××先生在吗？"

　　说出对方姓名是缩短销售员与客户距离的最简单迅速的方法。记住对方姓名是交际的必要。而交际等于销售员的生命线，所以怎么能不记住客户的姓名呢？

　　当然，不仅要记住客户姓名和电话号码，还应该记住那些重要秘书的姓名以及相关人员的姓名。每次谈话，如果你能叫出他们的名字，他们便会高兴异常。慢慢地这些人会乐意帮助你，可以给你的销售带来很多方便。

　　但是有些人对记不住别人的姓名似乎毫无办法，让人感到不可理解。他们为何不做些扎扎实实的工作呢？只要用心去记，不断地重复，记住别人的姓名和面孔，不会有多么困难。

下面是一位成功销售员讲述的记住他人名字与面孔的方法：

1. 通过多种方法加深印象

心理学研究表明，人们的记忆力问题其实就是注意力问题。人们常常忘记别人的名字，可是如果有谁忘记了我们的名字，我们就会感到不高兴，记住别人的名字是非常重要的事，也是一种礼貌，所以还是要用心去记。

如何准确地记住别人的名字？如果没有听清，就及时地问一句："您能再重复一遍吗？"如果还不能确定，那就再来一遍："不好意思，你能告诉我如何拼写吗？"大多数人对于别人想正确记住自己名字的态度是很欢迎的，他们不会因为你的一再重复而不高兴。

要想记住别人的名字和面孔，还要学会留心观察。人们都说眼睛是心灵的照相机，能把人们注意的东西记录下来。我们如果闭上眼睛，头脑中就会出现多种多样的面孔，就跟看照片一样。大脑之所以记住这么多面孔，就是因为眼睛用心看了。

2. 运用重复记忆法

也许我们都有过这样的情况，介绍给你的人不过 5 分钟就忘记了他的名字。而避免出现这种情况的有效方法就是多次使用他人的名字。

同时，如果你想让别人记住你的名字，你就应该多次利用机会在他面前重复你的名字。

与一群人见面时，首先粗略地记住四五个人的名字，花点时间写下

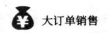

来。然后再会见下一批人，再记四五个人，如此反复，直到把所有人的名字都写下来。你可试着把他们的名字编成一句话牢记在心。比如，你在一次宴会上同时会见十几个客户。你就可以试着把这些名字串起来，编成一句顺口溜，这样就不容易忘记了。虽然并不是总能编成一句话，但你掌握了这种方法，记起别人的名字来就不那么困难了。

3. 联想一下相关的事物

怎样才能把要记住的东西留在脑中？毫无疑问，运用联想是最重要的方法。

有一次，小薛在一家餐馆吃饭，没想到那家餐馆的老板在分别20年后，居然认出了他。而小薛以前从未注意过他，因此大感吃惊。

老板热情地说："咱们是一个学校的校友，我叫陈庆刚。"

小薛听后并没有想起什么，以为他认错人了，可是，他不光叫出小薛的名字，还说出了那所学校的名字。他见小薛面带困惑，便进一步问道："你记得张军吗？还有杜浩？"

"杜浩！我最好的一位朋友，我当然记得他。"

"那你记不记得整天和杜浩一起上学的那个人？"

小薛大叫了起来：大陈！说完后俩人便紧紧地拥抱在一起。

这正是联想所起到的非凡作用。

此外，我们还可以备个小本，如果是尊贵的客人，切不可当面拿出小本来，只能背后追记。但对初次见面的、你正在挖掘的潜在客户，你可以说："我记忆力不太好，请让我记下来。"他们不但不会厌烦，还会产生一种被尊重感，因为你真心实意想记住他的名字。为了防止以后翻到名字也回忆不起来，除了记下名字以外，还要把基本情况如单位、性别、年龄等也记下来。这个小本要经常翻一翻，一边翻一边回忆当时会见此人时的情景，这样，即便三年五载以后再碰到此人，你也可以叫出对方的名字来。

做销售靠的是人缘，而如果想有个好人缘，首先就要有个好记性，当你能够准确地叫出每位客户的名字时，你就可以称得上是个真正的销售员了。